3쿠션 바이블 ②

초판 1쇄 인쇄 2022년 1월 5일
초판 1쇄 발행 2022년 2월 5일

지은이 김원상
발행인 김중영
발행처 오성출판사

주소 서울시 영등포구 양산로 178-1
전화 02-2635-5667
팩스 02-835-5550
등록 1973년 3월 2일 제13-27호

ISBN 978-89-7336-847-1 04690
　　　　978-89-7336-845-7 04690 (세트)

www.osungbook.com

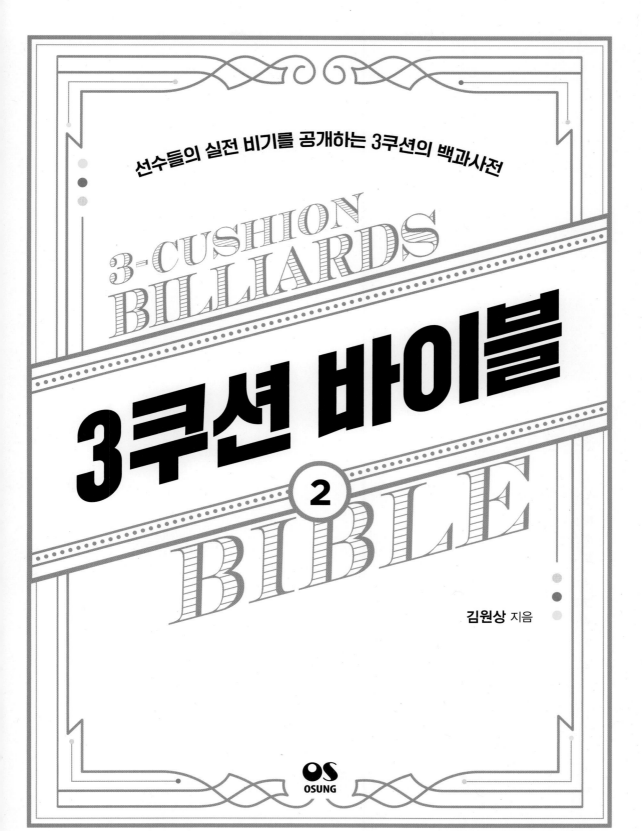

선수들의 실전 비기를 공개하는 3쿠션의 백과사전

3-CUSHION BILLIARDS

3쿠션 바이블

2

BIBLE

김원상 지음

OSUNG

프롤로그

한국인들의 3구 사랑은 각별하다. 그러기에 실력 향상 또한 중요하다.

독자들은 남들의 경기를 보고 즐기기만 하는 것이 아니라 자신의 실력을 향상시키고 싶을 것이다.

4구 경기를 하면서 배우고 다듬을 수 있는 기초적인 이론과 기술을 익히지 않고 3쿠션 경기에 입문하면 빨리 실력을 늘리고자 하는 마음에 계산법부터 배우게 된다.

서두르고 조바심 내지 말자.

당구는 몇 가지를 배워서 단기간에 엄청난 발전을 이룰 수 있는 잡기가 아니다. 큐를 다룰 수 있는 근육을 키워야 하고 하체와 허리 근육을 만들어야 하는 운동이다.

지금 처음부터 다시 시작한다고 해도 절대 늦은 것이 아니다. 기초부터 차근차근 배우고 익혀서 꾸준히 발전할 수 있는 틀을 마련해야 본인도 만족할 것이다.

아쉽게도 대한민국에는 마땅한 당구 연습장이 없다. 그러기에 잠깐이라도 연습할 수 있는 자료를 독자들에게 공개한다.

어떤 운동 종목도 연습이 없이 발전할 수 없다.

이 책이 연습을 하고 실력을 향상시키는 데 도움이 되기를 바라고, 제자를 육성하는 지도자들에게도 참고서가 되기를 바란다.

대한당구연맹

傘下 서울당구연맹

Carom 선수 김 원 상

목차

| 프롤로그 | 실력을 향상시키고 싶은 독자들에게 ⸻ 5

기초 총정리

약식 기호 **8**

해법 노트 작성 시 유의사항 **11**

알아 두어야 할 System **15**

PART IV

앞 돌리기

1	앞 돌리기란?	58
2	앞 돌리기의 다양한 배치	61
3	키스 피하기	71
4	난구	86
5	연속 득점	94
6	앞 돌리기의 다양한 포지션 플레이	111

PART V

비껴 돌리기 2

1	비껴 돌리기 2란?	124
2	비껴 돌리기 2의 다양한 배치	128
3	키스 피하기	134
4	난구	142
5	연속 득점	147
6	비껴 돌리기 2의 다양한 포지션 플레이	159

PART

VI

더블 쿠션

1 더블 쿠션이란? 168
2 더블 쿠션의 다양한 배치 184
3 키스 피하기 189
4 난구 196
5 연속 득점 203
6 더블 쿠션의 다양한 포지션 플레이 210

PART

VII

더블 레일

1 더블 레일이란? 222
2 더블 레일 계산법 223
3 더블 레일의 다양한 배치 230
4 더블 레일의 다양한 포지션 플레이 236

PART

VIII

1 and 2 뱅크 샷

1 1 and 2 뱅크 샷이란? 250
2 1 and 2 뱅크 샷의 다양한 배치 260
3 1 and 2 뱅크 샷의 다양한 포지션 플레이 270

| 에필로그 | 당구대 옆에 책을 펴 놓고 될 때까지 295

● ● ●

1권 목차

1 뒤 돌리기   2 옆 돌리기   3 비껴 돌리기 1

약식 기호

두께의 표기

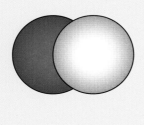

1/2, 1/3, 1/4, 1/5, 1/10 ···

목적구를 맞히는 정도를 나타내며, 분수(1/2, 1/3, 1/4, 1/5, 1/10 등)로 표기한다.

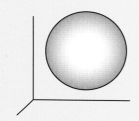

뱅크 샷

빈 쿠션 치기를 말한다.

타법의 표기

길게 미는 스트로크
Long Follow-through stroke

짧게 미는 스트로크
Short & Cut stroke

---

❶ 타법에 관한 표기는 상황에 따라 여러 기호를 복합적으로 표기할 수 있다.

큐를 짧게 뻗는 스트로크는 공 1개의 길이만큼을 뻗고 큐를 잡느냐, 공 2개의 길이만큼을 뻗고 큐를 잡느냐, 공 3개의 길이만큼을 뻗고 큐를 잡느냐에 따라서 기호에 1, 2, 3의 숫자를 넣어 표시한다.

큐의 기울기

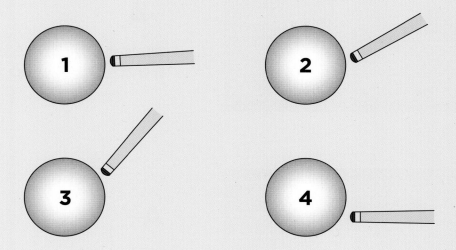

속도의 변화에 따른 분류

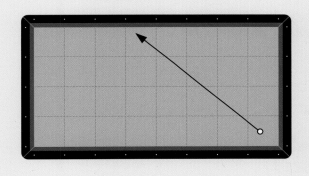

−B

1쿠션을 이동할 수 있을 정도의 속도
를 말한다. 표기는 −B로 한다.

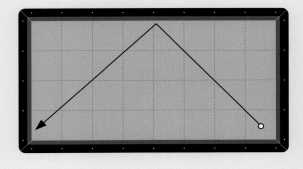

B

2쿠션을 이동할 수 있는 정도의 속도
를 말한다. 표기는 B로 한다.

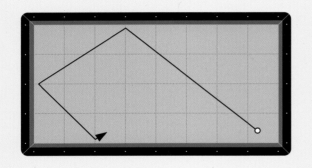

−A

3쿠션을 이동할 수 있는 정도의 속도를 말한다. 표기는 −A로 한다.

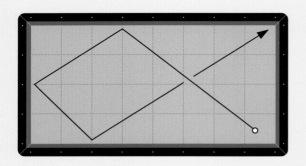

A

4쿠션을 이동할 수 있는 정도의 속도를 말한다. 표기는 A로 한다.

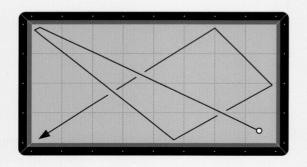

AA

대회전을 할 수 있는 정도의 속도를 말한다. 표기는 AA로 한다.

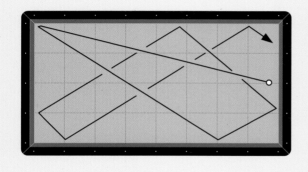

AAA

당구대를 두 바퀴(일명: 산주) 정도 이동할 수 있는 속도를 말한다. 표기는 AAA로 한다.

모든 표기는 복합적으로 사용할 수 있다.

만약 큐의 기울기를 표시할 때 2//3이라고 하면 2와 3의 중간 정도의 기울기라고 할 수 있고, 속도를 나타낼 때 AA//AAA라고 하면 AA와 AAA의 중간 속도라고 할 수 있겠다.

해법 노트 작성 시 유의사항

당구는 두께와 당점만 알면 해결할 수 있는 것이 아니다. 내 공의 순조로운 진행을 위한 타법과 원하는 효과를 낼 수 있는 적절한 속도가 필요하다. 그렇기 때문에 독자들은 반드시 자신들의 해법을 기록할 때 두께, 당점, 타법, 속도를 기록해야만 한다. 예제를 보면서 속도와 타법이 얼마나 중요한지 설명하겠다.

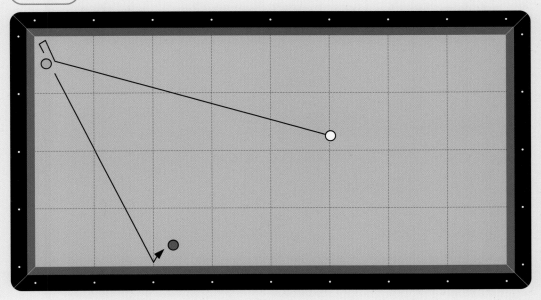

예제 1

  [속도] [타법] [큐 기울기]

독자들은 위와 같이 진행시키기 위한 해법을 어떻게 찾았는가? 그림으로 보는 것과 실제로 당구대에서 배치를 똑같이 놓고 내 공의 위치에서 보는 것은 완전히 다르다. 다음 페이지를 보기 전에 시도해 보고 해법을 찾아보자. 그리고 해법의 빈 공간을 채워 보자.

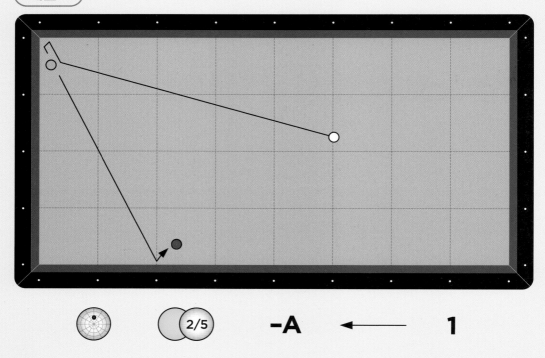

해법 1

필자가 소개하는 해법은 위와 같다. 무회전(No English)으로 1/2보다 적은 두께를 충격을 최소화하는 타법으로 느리게 굴리는 듯한 샷을 하면 성공할 수 있다. 그렇다면 다음 예제의 해법은 어떻게 될 것인가 생각해 보자. 예제 2는 내 공과 제1목적구의 위치는 같지만 제2목적구가 코너 쪽으로 1포인트 옮겨져 있다.

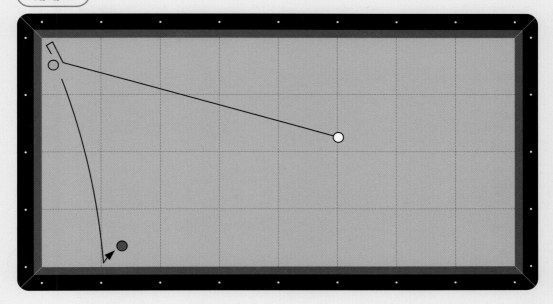

예제 2의 필자의 해법은 아래와 같다. 두께, 당점, 타법, 큐 기울기가 모두 예제 1의 해법과 같지만 단 하나, 속도를 조금 빠르게 하여 시도하는 것만으로 해결할 수 있는 문제이다.

해법 2

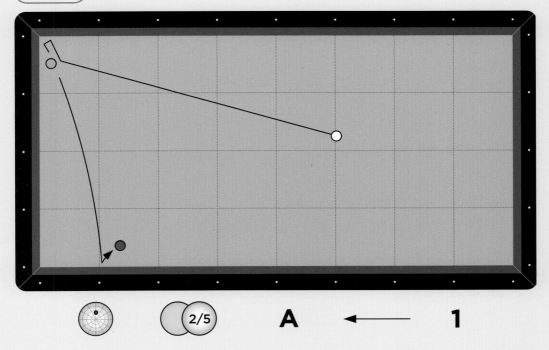

이처럼 앞으로 독자들이 경험해 볼 많은 문제들은 두께와 당점을 정확히 맞혀도 속도나 타법 때문에 성공 여부가 달라진다는 것을 반드시 생각해야 한다. 그러므로 단순하게 두께와 당점만 알면 모든 문제를 해결할 수 있다는 생각은 버려야 한다.

해법을 찾기 위해 5가지 항목을 모두 기록하면서 연습을 한다면 독자들은 자신도 모르는 사이에 발전할 것이다.

속도나 타법 때문에
성공 여부가 달라진다.

알아 두어야 할 System

Plus System

전설적인 레이몽드 쿠르망(Raymond Ceulemans)이 만든 계산법으로 R-C System 중에서 Plus System(단-장-단 쿠션)으로 진행하는 계산법을 익혀야 한다.

Short Angle System

최대 회전력으로 진행시켰을 때 내 공이 진행하는 경로를 알고 있어야 한다. 특정한 계산법은 없으나 규칙적인 변화가 일어나므로 암기하도록 한다.

No English System

상식적으로 알고 있어야 하는 계산법이지만, 대부분 동호인은 첫 번째 쿠션에 맞추면 두 번째 쿠션의 어디에 도착한다는 정도만 알고 있다. 두 번째 쿠션을 경유하여 세 번째, 네 번째 쿠션의 도착 지점까지도 알아 두어야 한다. 뒤에 소개하는 도면은 반드시 암기하기를 바란다.

Plus II System

좌, 우의 회전을 사용하지 않고 단-장-단 쿠션으로 진행하는 경로를 계산법으로 만든 것으로, 매우 간단하고 실전에서 유용하게 사용할 수 있는 계산법이다. 내 공이 쿠션에 부딪히면서 회전이 어떻게 변화하는지 관찰할 수 있는 계산법으로, 속도의 변화에 따라서 상상할 수 없는 진행을 경험할 수 있다.

Plus System

우리말로 쉽게 표현하자면 '더하기 계산법'이다. 내 공의 수치와 첫 번째 쿠션의 수치를 더하면 그 수치에 해당하는 세 번째 쿠션에 도착한다는 계산법이다.

❗ 도착 포인트 = 내 공 포인트 + 출발 포인트

아주 간단한 공식으로 계산되지만 내 공의 위치마다 첫 번째 쿠션의 수치가 조금씩 다르므로 수치들을 외워야 한다. 한 가지 독자들이 잘못 알고 있는 부분은 내 공 포인트를 결정하는 방법에 대한 것인데 주의 깊게 관찰하고 공부하여야 할 것이다. 우선 내 공 위치에 따른 첫 번째 쿠션의 수치 변화를 소개하고 예제를 통하여 실전에서 어떻게 적용하는지 알아보겠다. R-C System의 Plus System도 R-C System의 KL, LL과 마찬가지로 타법과 속도가 매우 중요하다. 충격을 최소화하는 Follow-Stroke를 해야만 하고 내 공이 당구대를 한 바퀴 정도 이동할 수 있는 속도로 구사하여야만 System을 적용시킬 수 있다.

Plus System의 수치

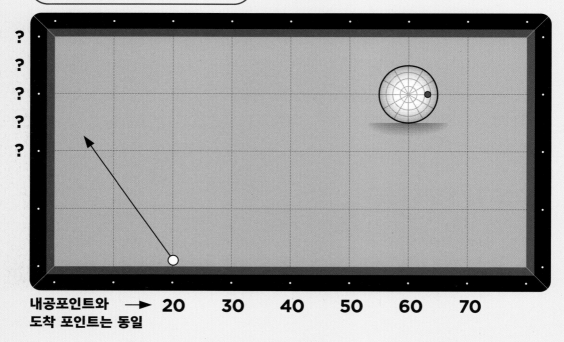

? ? ? ? ?

내공포인트와 → **20   30   40   50   60   70**
도착 포인트는 동일

내 공 포인트 20일 때

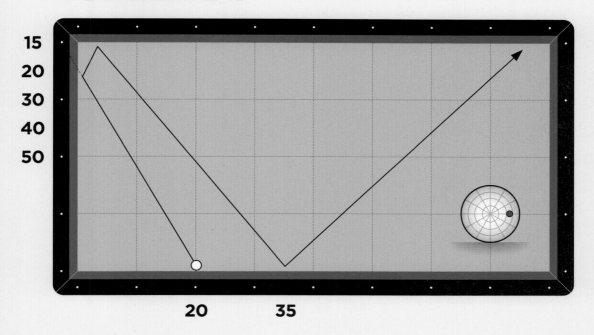

20   35

내 공 포인트 20일 때

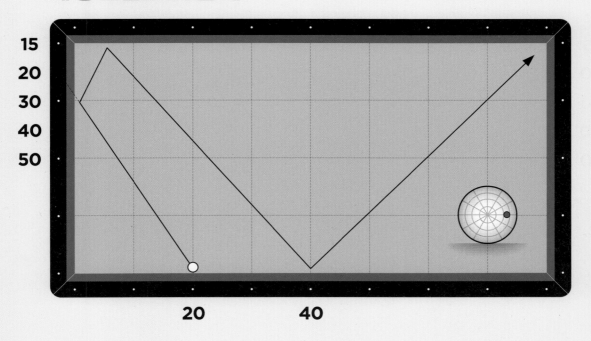

20   40

내 공 포인트 20일 때

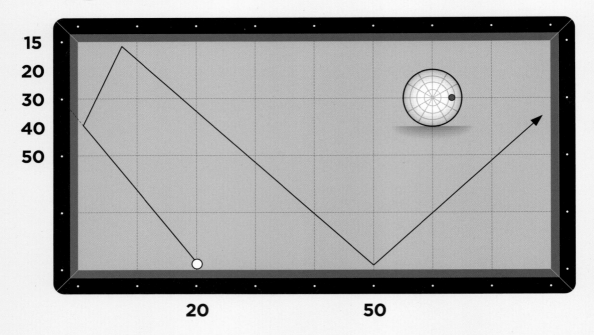

내 공 포인트 20일 때

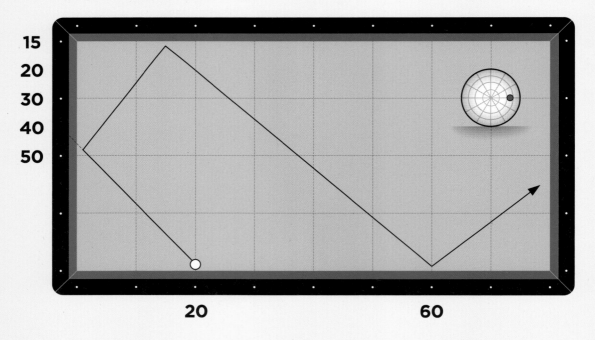

내 공 포인트 20일 때

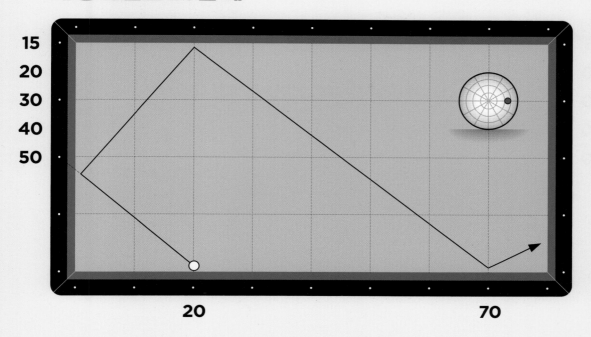

내 공 포인트 30일 때

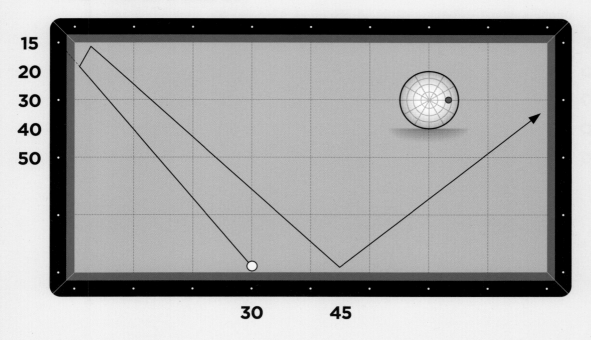

내 공 포인트 30일 때

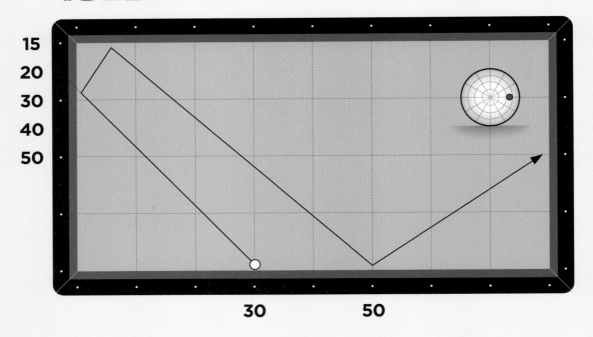

내 공 포인트 30일 때

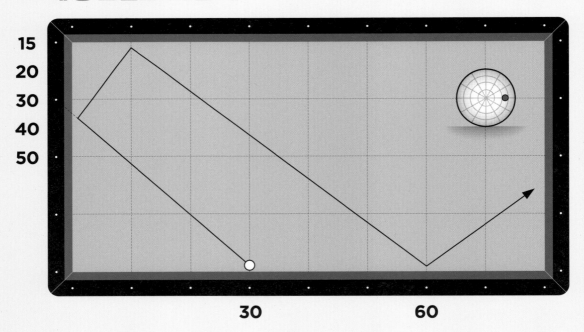

내 공 포인트 30일 때

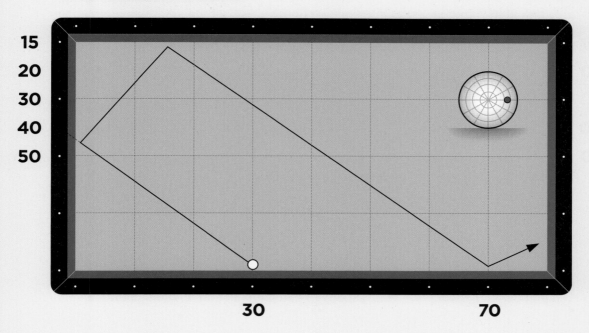

내 공 포인트 30일 때

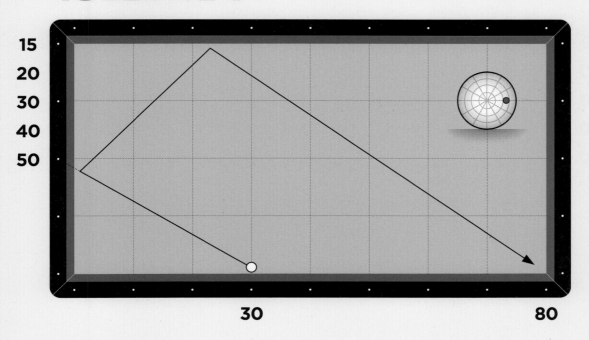

내 공 포인트 40일 때

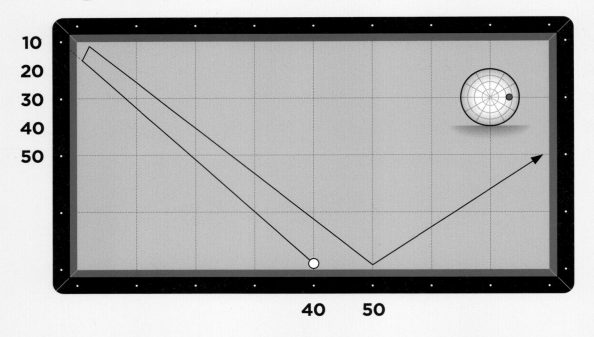

내 공 포인트 40일 때

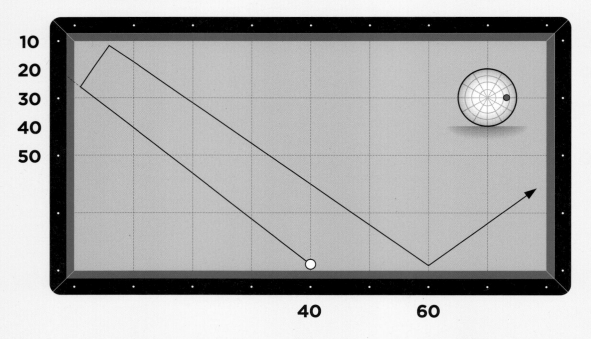

내 공 포인트 40일 때

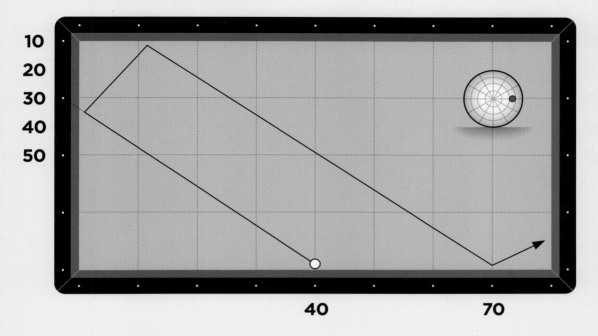

내 공 포인트 40일 때

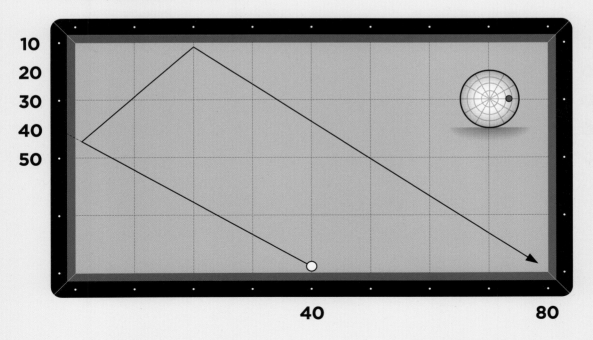

내 공 포인트 40일 때

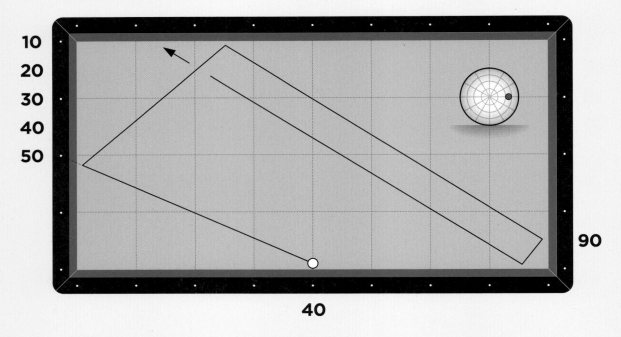

내 공 포인트 50일 때

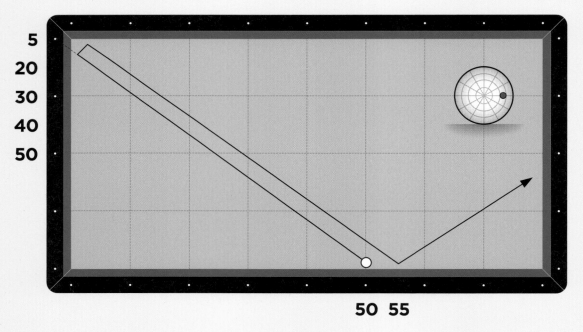

내 공 포인트 50일 때

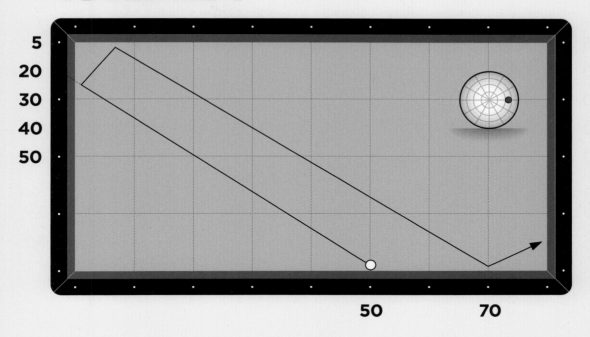

내 공 포인트 50일 때

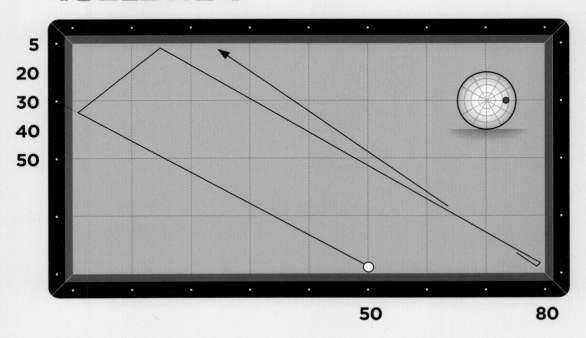

내 공 포인트 50일 때

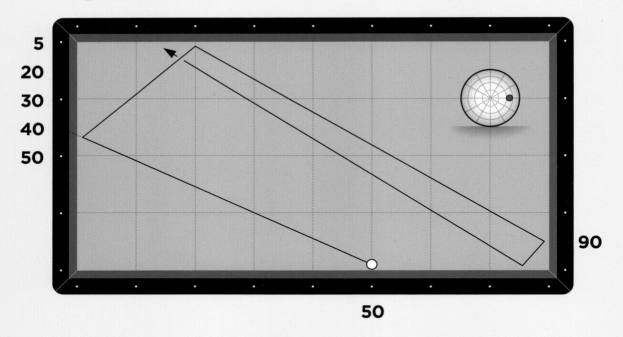

내 공 포인트 50일 때

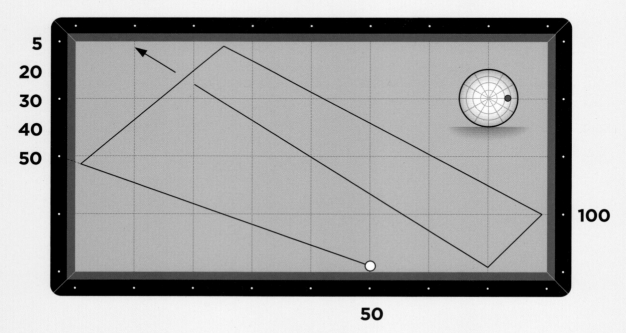

내 공 포인트 60일 때

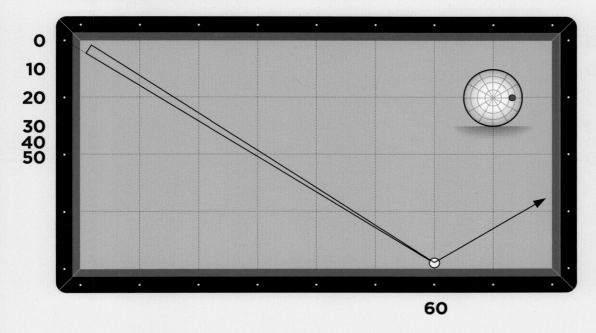

내 공 포인트 60일 때

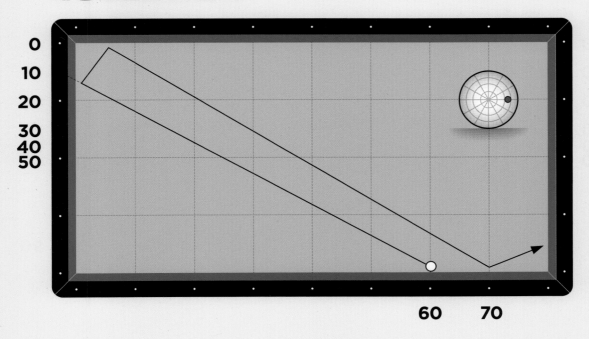

내 공 포인트 60일 때

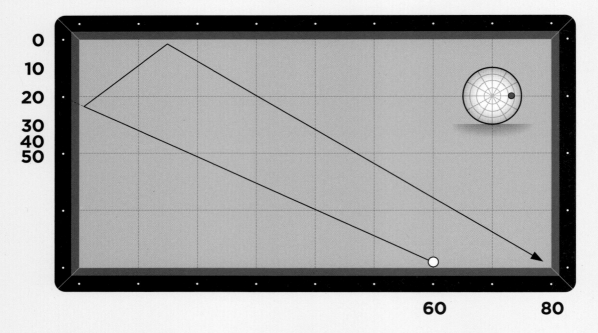

내 공 포인트 60일 때

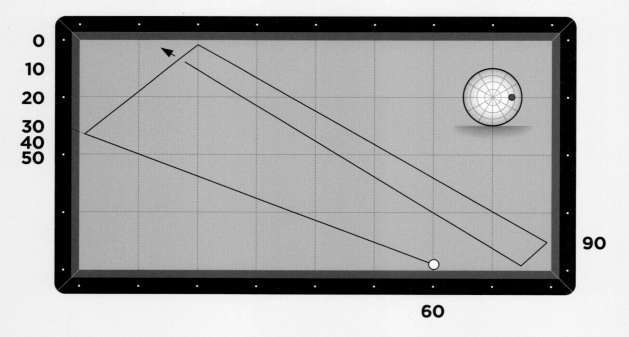

내 공 포인트 60일 때

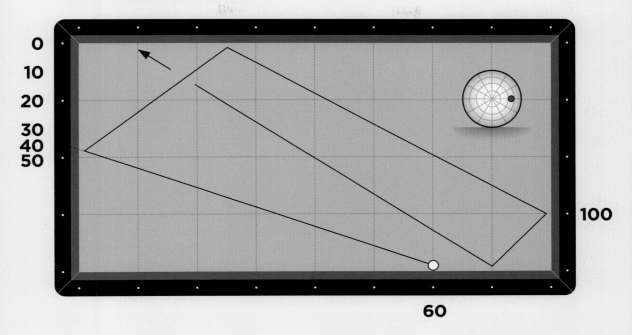

내 공 포인트 60일 때

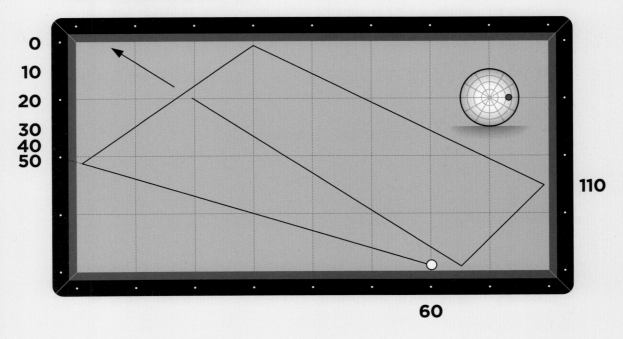

앞 페이지의 도면들을 완벽하게 암기하도록 하고 실전에서 어떻게 적용을 하는지 예제를 통하여 확인해 보자.

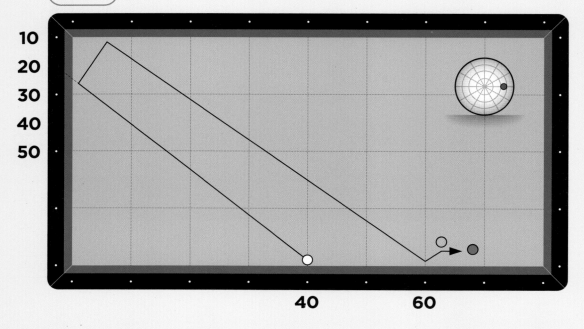

계산은 항상 도착 포인트를 찾는 것부터 시작해야 한다. 내 공이 도착해야 하는 위치가 60이라는 것을 찾았다. 내 공은 40포인트에 있으므로 내 공이 40일 때 첫 번째 쿠션의 수치는 코너에서부터 10, 20, 30, 40, 50이므로 20을 향하여 충격을 최소화하면서 부드럽게 구사하도록 한다.

❗ **도착 포인트 60 = 내 공 포인트 40 + 출발 포인트 20**

Plus System의 보정법

이번에는 많은 독자들이 Plus System에서 잘못 알고 있는 보정법에 관해 설명하겠다. 우선 내 공 포인트를 잘 결정할 줄 알아야 한다. 대부분 동호인이 당구대 레일의 포인트에서 연장하여 결정한다. 예제 2를 보면서 설명하겠다.

예제 2

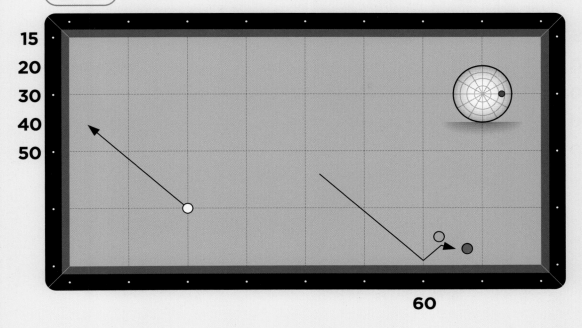

내 공을 단 쿠션으로 진행시켜 3뱅크로 득점하고자 한다.

우선 도착 포인트가 60이라는 것은 알아낼 수 있을 것이다. 이때 많은 동호인이 내 공 포인드를 KL 또는 LL System처럼 장 쿠션과 단 쿠션을 연결하는 직선을 그려서 찾는 다. 하지만 잘못된 방법이다.

여러분들은 System이라는 것을 어디에서 어떻게 배웠는가? 대부분 주위의 사람들에게 직접 듣고 배우거나 아니면 책을 보고 공부하였을 것이다.

Plus System을 레이몽드 쿠르망(Raymond Ceulemans)이 만들었다는 것은 알고 있 는가? 그의 저서 「MISTER 100」이라는 책을 본 적이 있는가? System은 잘못 배우면 엄청난 착각을 불러일으킬 수 있다. 정말로 제대로 배워야 하고, 책을 보고 이해가 되지 않는다면 그 부분을 잘 설명해 줄 수 있는 선생님을 찾아야 할 것이다.

위의 예제 2에서 내 공 포인트를 KL 또는 LL System과 같이 찾는다면 아마도 내 공 포인트를 30이라 하여 출발 포인트는 30이 될 것이다.

예제 2의 잘못된 계산법

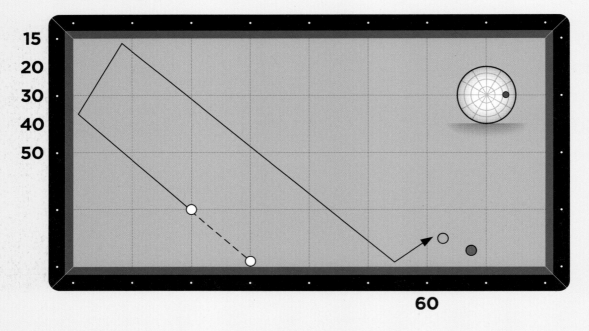

Plus System에서는 내 공의 포인트를 장-단 쿠션을 연결한 선으로 찾아내지 않는다. 내 공 포인트를 30이라고 결정하고 단 쿠션의 30으로 진행시키면 생각보다 훨씬 짧게 도착할 것이다.

필자도 왜 그러는지 많이 고민하고 실제로도 많이 시도해 보았다. 이유는 간단하다. 쿠션에 붙어 있는 내 공은 3시 방향의 회전을 선택할 수 없어서 3시 방향의 회전력보다는 조금 약한 1시 30분 방향 정도의 회전력으로 진행되기 때문이다.

따라서 1시 30분 방향의 회전으로 위와 같이 계산한다면 득점하기는 어렵지 않을 것이다. 하지만 3시 방향의 회전력으로 내 공 포인트를 30으로 결정하여 구사한다면 엄청나게 짧게 도착하는 오류를 범할 것이다.

예제 2의 옳은 계산법

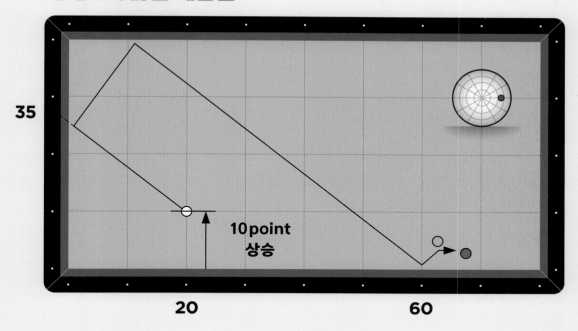

위의 도면으로 이해가 될 것이다. 많은 사람이 Plus System은 변화가 너무 심하고 계산한 대로 적용이 되지 않는다면서 모험하는 마음으로 시도하는 경우가 많다.

내 공은 20포인트에서 당구대 중앙으로 10포인트 상승했다. 이럴 경우, 내 공 포인트 20에 상승한 포인트의 1/2을 더하여야 한다. 그러면 내 공 포인트는 20이 아니라 25가 되는 것이다. 내 공 포인트가 25이므로 첫 번째 쿠션을 30이 아니라 35로 결정해야 하는 것이다.

❗ **내 공 포인트 20 + 10/2 + 출발 포인트 35 = 도착 포인트 60**

Short Angle System 단-장-단

장-단-장 쿠션으로 진행하는 Short Angle System도 암기해야 하지만 단-장-단 쿠션으로 진행하는 Short Angle System 또한 기억해야 한다. 당구대마다 약간씩 차이는 있지만 대략적으로 도면처럼 진행하므로 반드시 기억하고 실전에서 11초 만에 생각이 날 정도로 완벽하게 숙지하도록 해야 한다.

계산법은 모든 진행하는 경로를 외워야 실전에서 빠르게 적용할 수 있다. System을 적용해야 할 때마다 매번 계산해야 한다면 아직 계산법을 내 것으로 만들지 못했다는 뜻이다.

내 공 포인트 10일 때

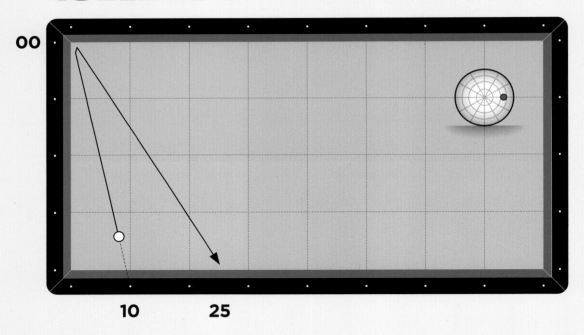

계산법은 모든 진행하는 경로를 외워야 실전에서 빠르게 적용할 수 있다.

내 공 포인트 20일 때

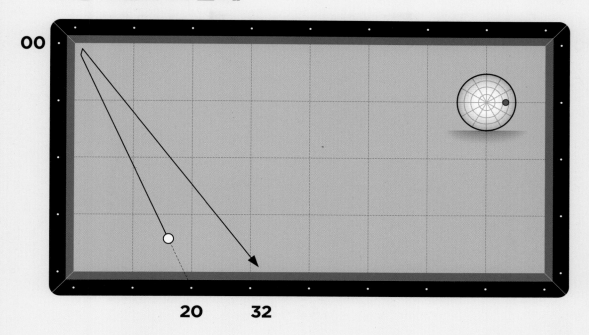

00

20　　32

내 공 포인트 30일 때

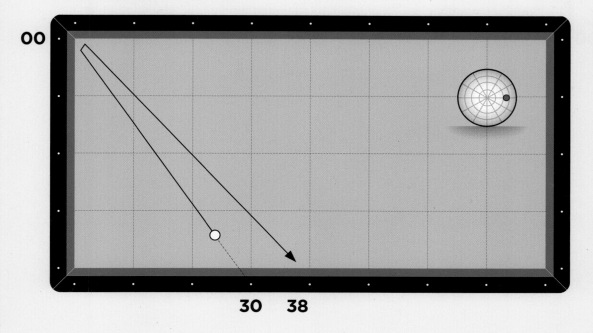

00

30　38

내 공 포인트 40일 때

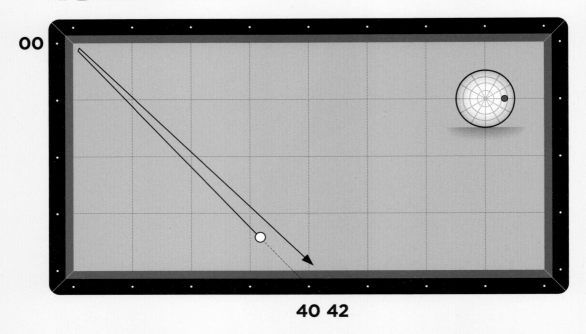

00

40 42

내 공 포인트 50일 때

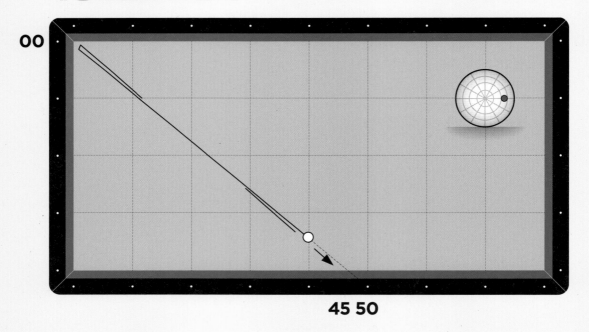

00

45 50

내 공 포인트 60일 때

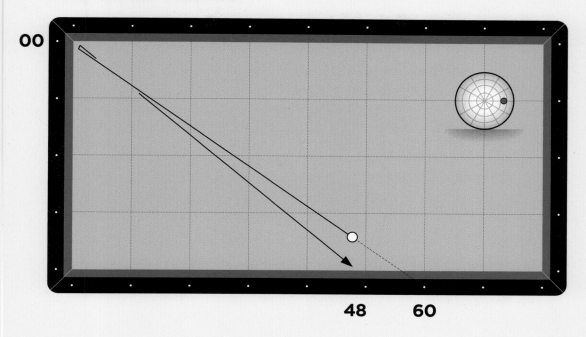

48   60

내 공 포인트 70일 때

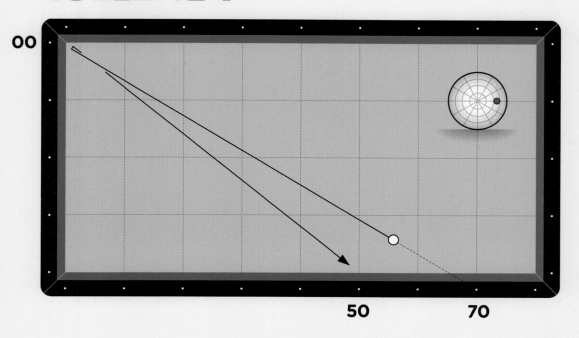

50   70

No English System 중에서 암기 사항

앞 돌리기를 시도할 때 무회전이나 약한 옆 회전력으로 구사하는 경우가 많이 있다. 첫 번째 쿠션의 같은 지점에 도착해도 회전력의 가감에 따라 조금씩 다른 진행을 보이므로 회전량에 따른 진행 경로를 예측할 수 있어야 한다.

무회전(No English)으로 내 공을 진행시킬 때의 다양한 진행 경로 중에 반드시 알고 있어야 할 진행 경로를 도면으로 소개한다. 지금 소개하는 몇 안 되는 도면들을 알고 있어야만 약간 변형된 배치에서도 응용할 수 있고, 비껴 돌리기에서도 적용할 수 있으므로 반드시 외워야만 한다.

여기에서는 좁은 공간, 다시 말해서 내 공이 당구대의 반을 넘지 않는 범위에서의 진행만을 설명할 것이다. 나머지는 Plus II System에서 따로 다루기로 하겠다.

내 공 포인트 10일 때

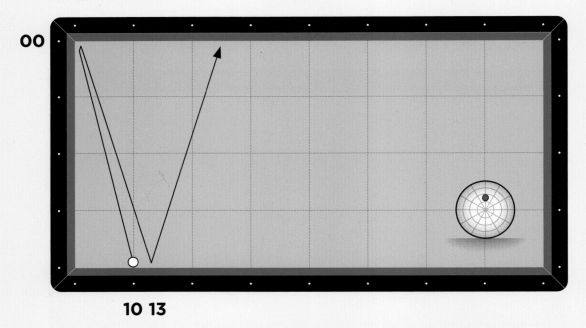

내 공 포인트 10일 때

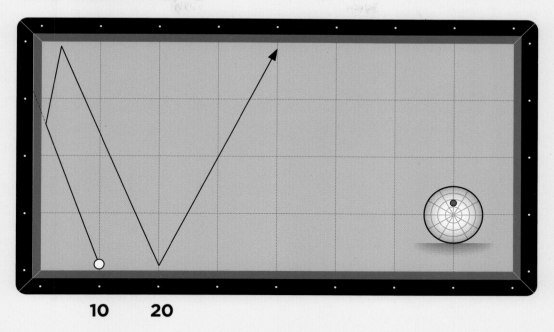

10   20

내 공 포인트 10일 때

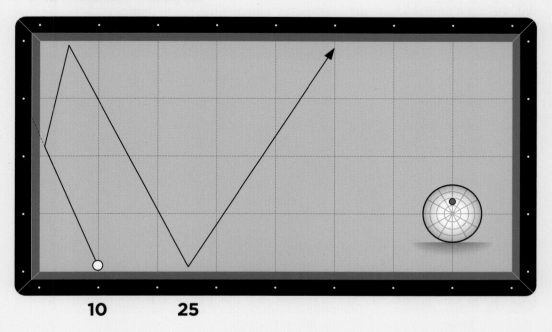

10   25

내 공 포인트 10일 때

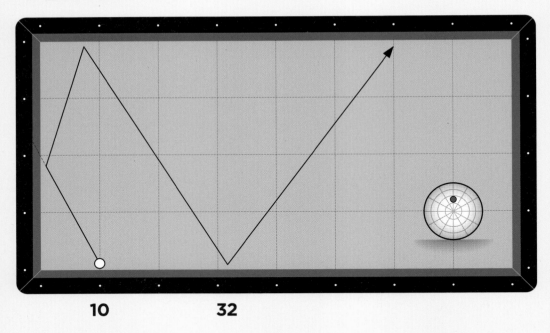

10   32

내 공 포인트 10일 때

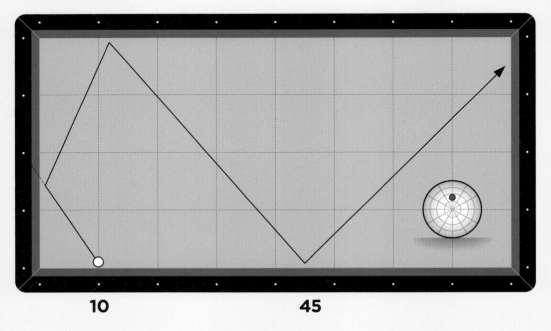

10   45

내 공 포인트 10일 때

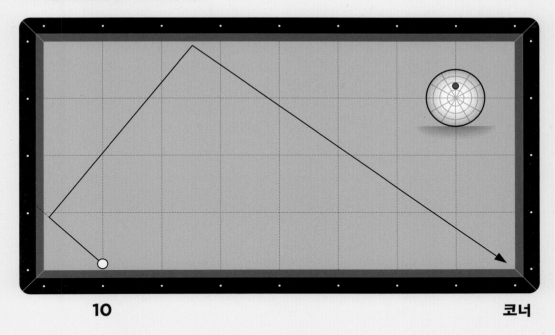

10   **코너**

내 공 포인트 20일 때

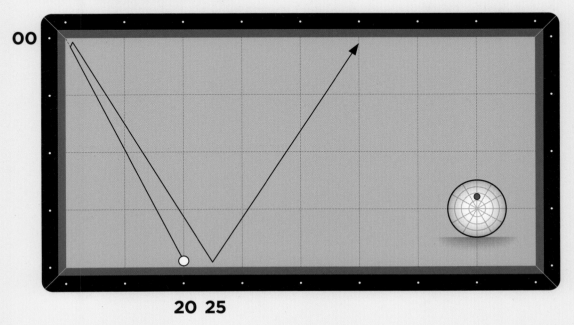

20 25

내 공 포인트 20일 때

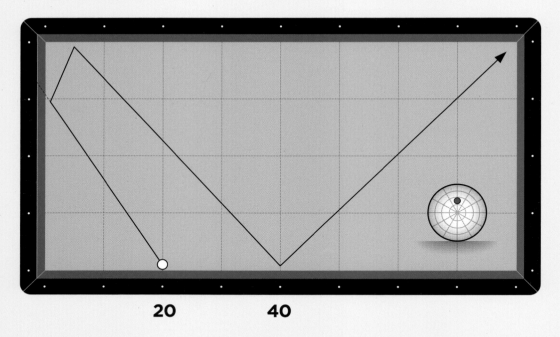

20   40

내 공 포인트 20일 때

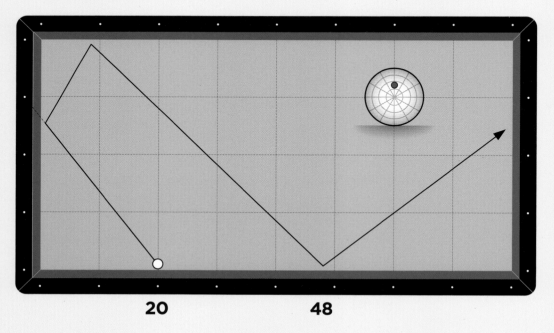

20   48

내 공 포인트 20일 때

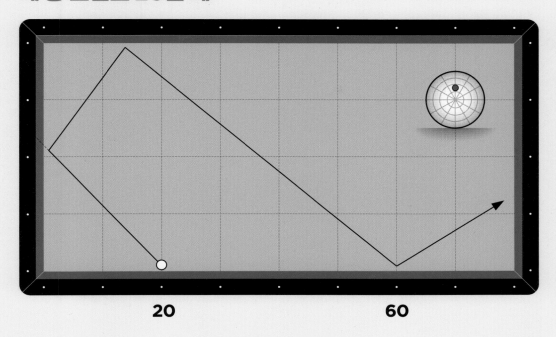

20   **60**

내 공 포인트 20일 때

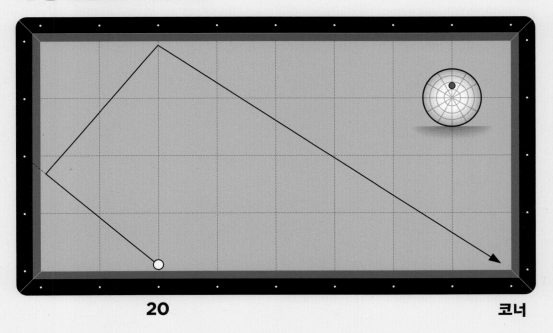

20   **코너**

내 공 포인트 30일 때

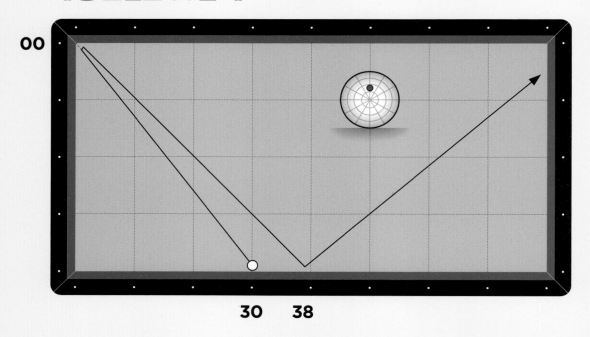

30   38

내 공 포인트 30일 때

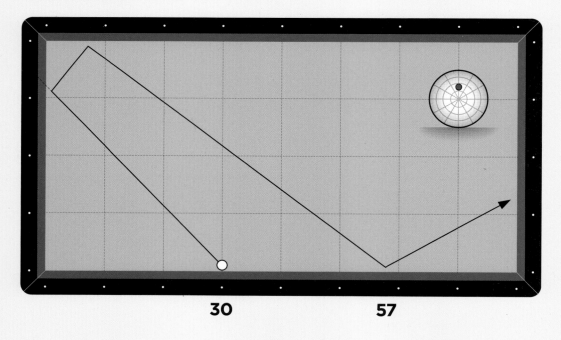

30   57

내 공 포인트 30일 때

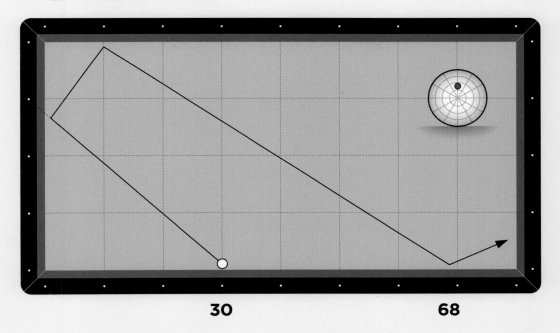

30   68

내 공 포인트 30일 때

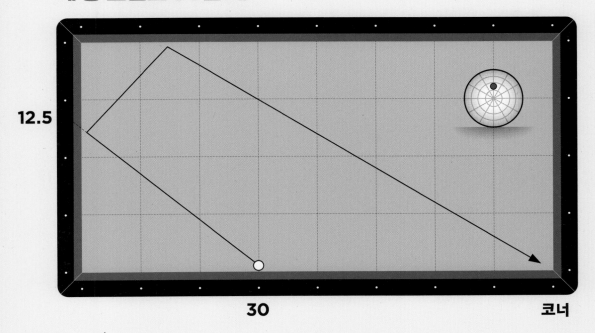

12.5

30   코너

내 공 포인트 30일 때

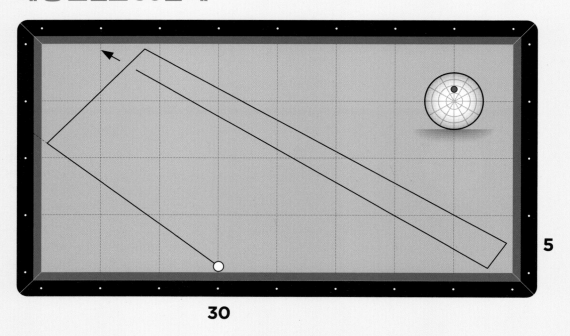

30

5

내 공 포인트 30일 때

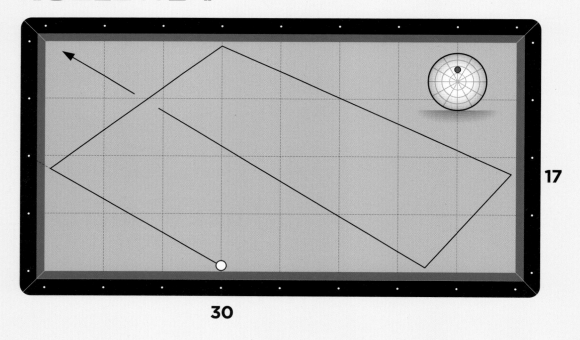

30

17

내 공 포인트 40일 때

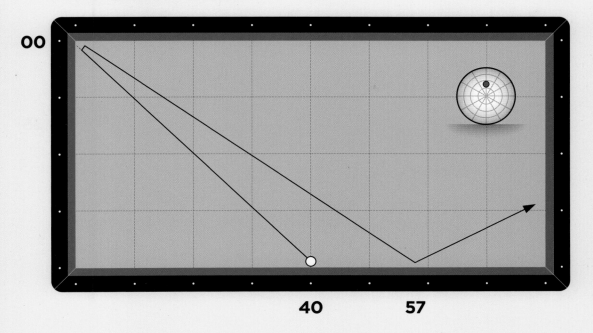

00

40   57

내 공 포인트 40일 때

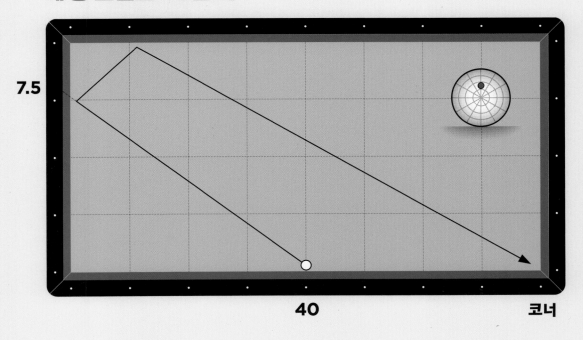

7.5

40   코너

내 공 포인트 40일 때

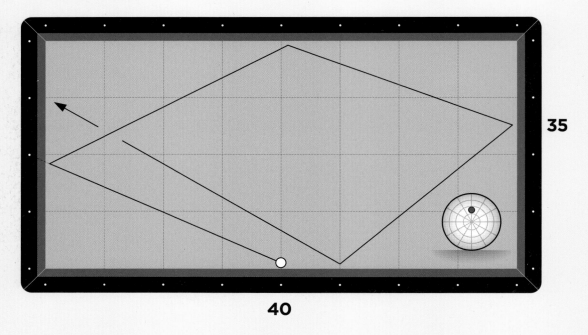

35

40

내 공 포인트 40일 때

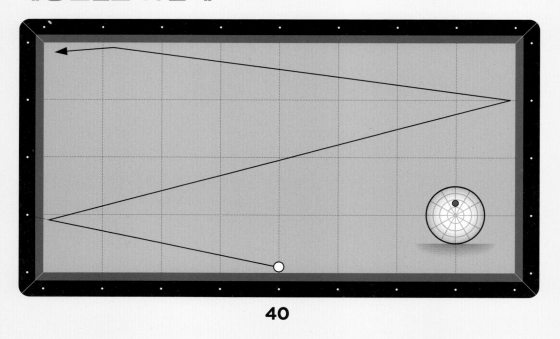

40

내 공 포인트 50일 때

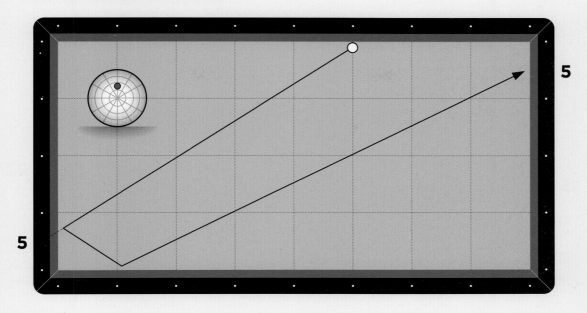

내 공 포인트 50일 때

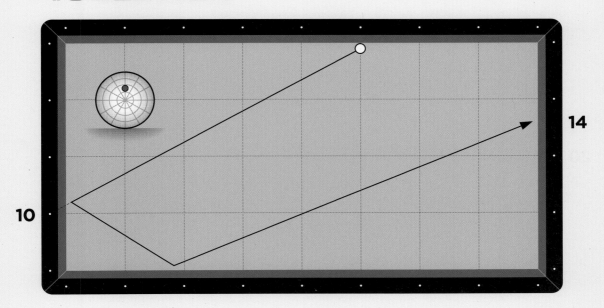

내 공 포인트 50일 때

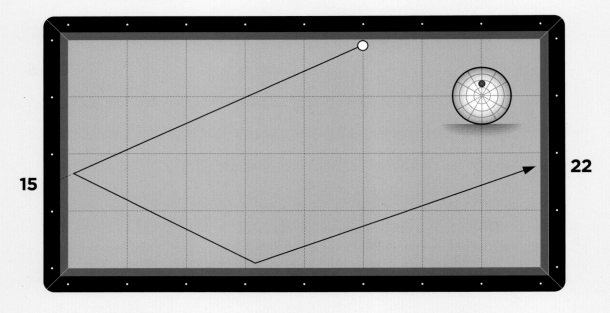

내 공 포인트 50일 때

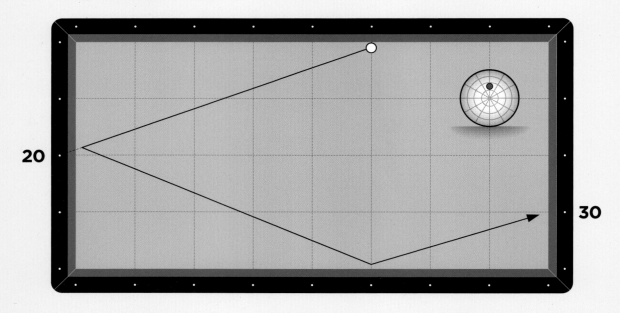

내 공 포인트 60일 때

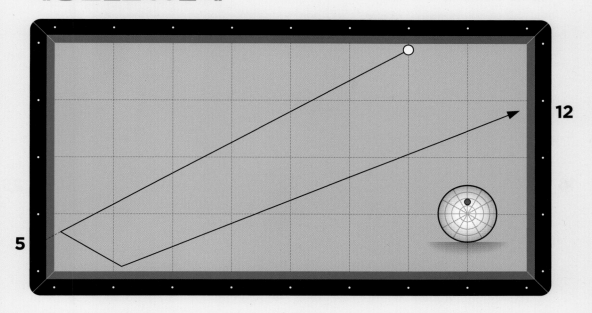

내 공 포인트 60일 때

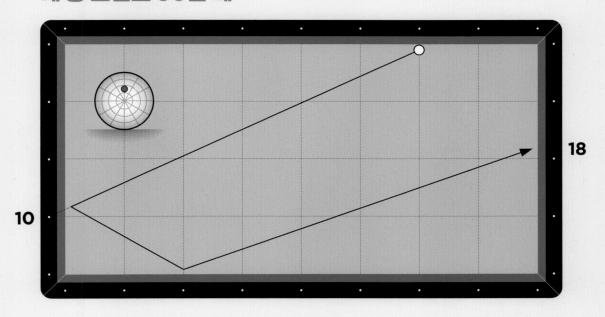

내 공 포인트 60일 때

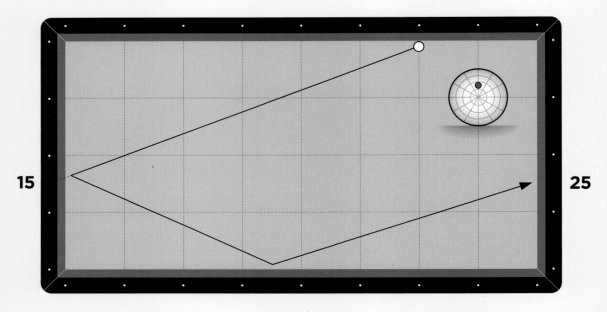

15

25

내 공 포인트 70일 때

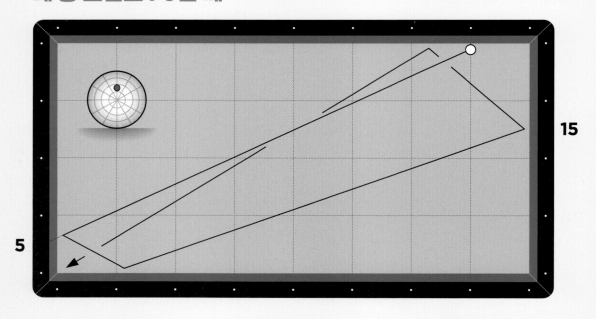

15

5

내 공 포인트 70일 때

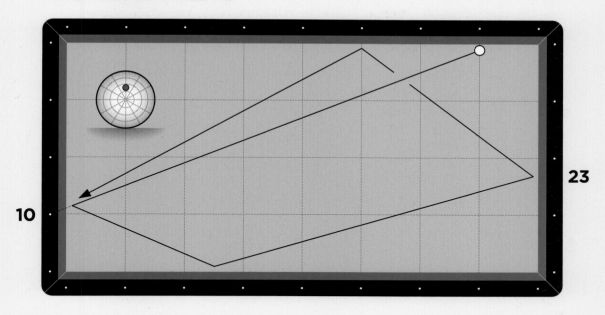

코너에서 출발할 때

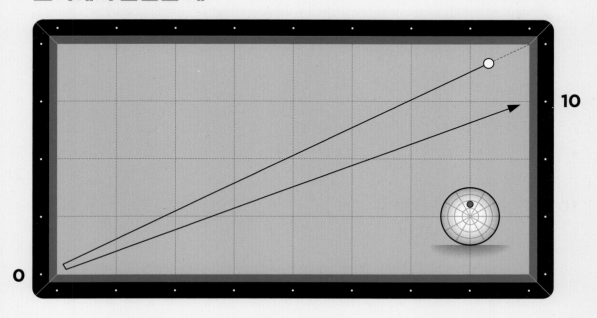

코너에서 출발할 때

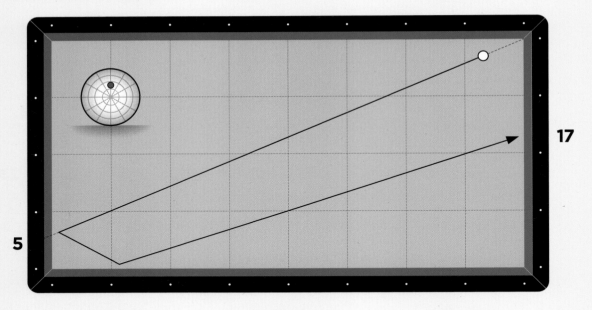

코너에서 출발할 때

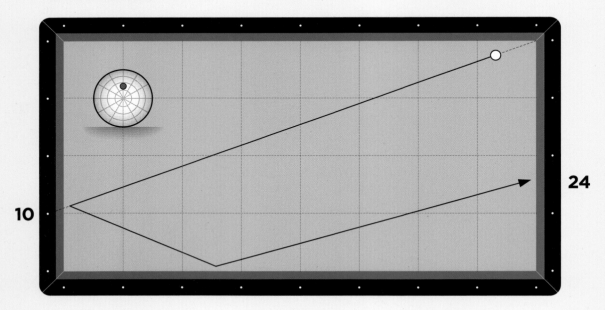

Plus II System

계산법을 공부하는 사람들은 단-장-장 쿠션으로 진행하는 경로를 Plus System 경로라고 말한다. 이렇게 진행하는 경로에서 무회전(No English)으로 규칙적인 이동이 이루어지는 구간이 있는데 이 구간에서 정리해 놓은 계산법이 플러스 투(Plus II) 시스템이다.

❗ Plus II System이란?

무회전(No English)으로 단 쿠션 코너의 0포인트를 향하여 진행시키면 내 공의 출발지점보다 2포인트 길게 도착한다는 계산법이다. 이 계산법은 내 공이 장 쿠션의 가운데 포인트보다 뒤쪽에 위치해 있을 때만 적용된다.

사람들 대부분은 Plus System을 Plus II System이라고 말한다. Plus System과 Plus II System은 엄연히 다른 계산법이다. 정확하게 알고 사용하기를 바란다.

내 공 포인트 일 때

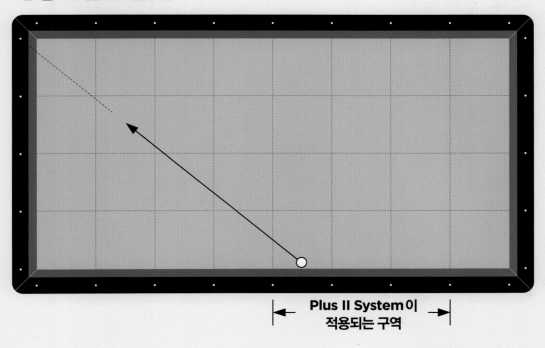

Plus II System이
적용되는 구역

내 공 포인트 50일 때

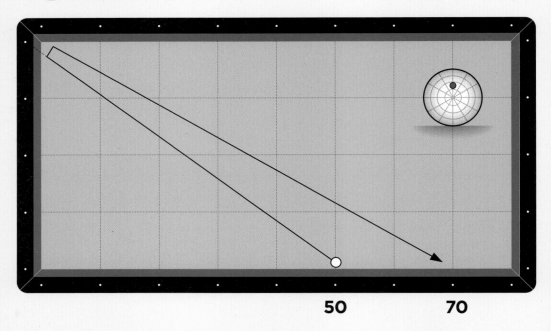

50   70

내 공 포인트 60일 때

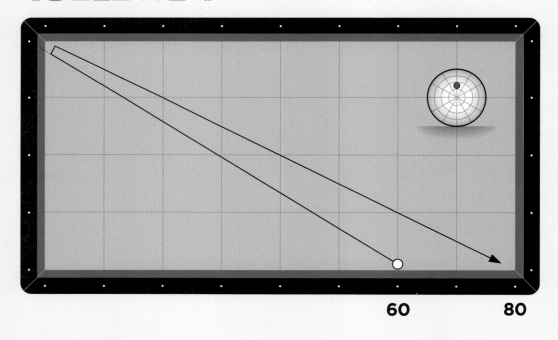

60   80

3-CUSHION Billiards BIBLE

PART IV

앞 돌리기

앞 돌리기의 경로

두 개의 목적구가 양쪽의 단 쿠션에 위치해 있을 때 공략하는 방법으로 단-장-장 또는 단 쿠션으로 진행하는 경로를 말한다. 주로 난구를 해결할 때 이용하는 경로이며, 특히 3쿠션 경기에서는 득점뿐 아니라 포지션 플레이와 수비가 가능하므로 경기의 흐름을 좌우할 수 있는 중요한 공략법이다.

먼 거리에 위치한 목적구의 두께를 정확하게 맞히는 것이 중요하므로 많은 연습이 필요하다.

앞 돌리기 공략법

'제1목적구의 두께를 두껍게 맞출 것인가, 얇게 맞출 것인가? 내 공에 회전을 얼마나 부여할 것인가?'에 관한 결정은 제1목적구와 내 공과의 각도, 그리고 제2목적구의 위치에 따라서 달라진다. 또 성공시킬 수 있는 두께의 여유가 있다면 포지션을 어떻게 할 것인지에 따라서도 달라질 것이다.

내 공과 제1목적구와의 거리가 멀다면 좌, 우 회전력을 사용하지 않는 것이 원하는 두께를 맞힐 수 있는 성공률을 높이는 방법이겠지만, 제2목적구의 위치에 따라서 부득이하게 좌, 우의 회전을 사용해야 한다면 회전량에 따른 두께의 조준 방법을 연구해야만 한다.

다른 경로도 마찬가지지만 모든 배치를 같은 속도로 시도할 수 없으므로 속도에 따른 두께와 당점을 선택하는 요령 또한 공부해야 한다.

앞에 알아두어야 할 계산법을 소개하였지만 계산법은 참고자료일 뿐이다. 계산법을 맹신하고 의존하면 자신만의 감각적인 당구를 구사할 수 없고 발전할 수도 없다.

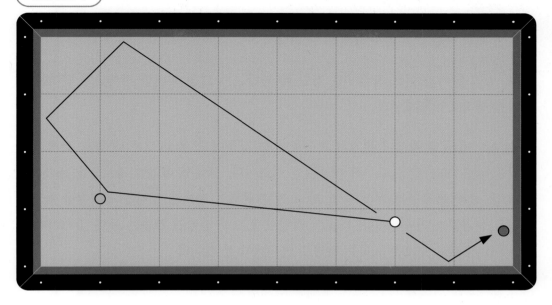

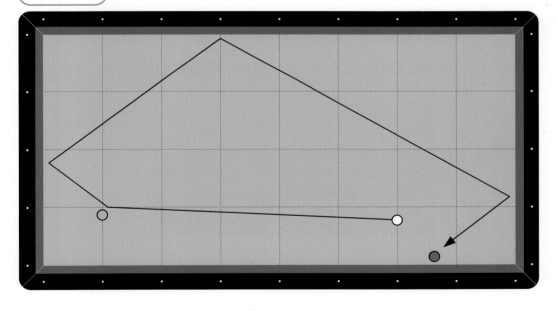

앞 돌리기는 목적구를 맞히고 나서 단-장-단 쿠션 또는 단-장-장 쿠션으로 진행하는 경로를 말하지만 비껴 돌리기 또한 같은 경로로 진행한다. 목적구의 진행 방향 쪽을 맞히고 진행을 하면 '앞 돌리기', 진행 방향의 반대쪽을 맞히고 진행하면 '비껴 돌리기'라고 말한다.

단-장-단 쿠션 또는 단-장-장 쿠션으로 진행하는 경로는 난구를 해결할 때 많이 선택하는 경로이지만, 공격과 수비를 겸할 수 있는 경로이므로 고수가 되기 위해서는 이 경로에 대한 연습을 소홀히 해서는 안 된다.

특히, 멀리 떨어져 있는 목적구를 맞힐 때 원하는 두께를 최대한 정확하게 맞히는 연습이 중점적으로 필요하다.

Basic 1은 내 공을 짧게 진행시켜 득점을 하는 경우이고, Basic 2는 내 공을 길게 진행시켜 득점을 하는 앞 돌리기의 대표적인 경로이다. 뒤에서 다양한 경로들을 소개하겠지만 내 공과 목적구의 거리가 멀 때 자신이 원하는 두께를 맞히는 정확성을 높이는 방법은 끊임없는 연습뿐이다. 더욱이 회전이 필요한 진행일 경우는 두께 맞히기가 더 더욱 어려우므로 오조준을 하는 방법도 연구해야 할 것이다.

Basic 1과 2를 시도할 때는 12시 당점을 선택하고 두께를 조절하는 것이 성공률을 높일 수 있는 방법이다. 하지만 포지션을 고민한다면 순방향의 회전이나 역방향의 회전을 사용하는 방법도 좋으므로 다양한 두께와 당점을 조합하여 시도해 보는 시간이 필요하다.

다양한 문제들과 해법은 키스 피하기, 난구, 연속 득점 편에 자세히 다루도록 하겠다.

멀리 떨어져 있는 목적구를 맞힐 때
원하는 두께를 최대한 정확하게 맞히는 연습이
중점적으로 필요하다.

2 : 앞 돌리기의 다양한 배치

여러 가지의 다양한 배치를 도면으로 소개한다. 독자들은 반드시 직접 구사해 보고 답을 찾아보아야 한다. 문제에 대한 답은 연속 득점 편에 소개하겠다. 자신이 찾아낸 답과 비교해 보고 어떤 방법이 더 바람직한지 판단하기를 바란다.

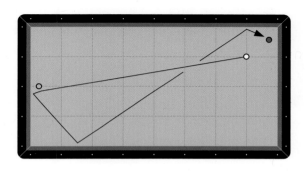

두께 :
당점 :
타법 :
속도 :
큐 기울기 :

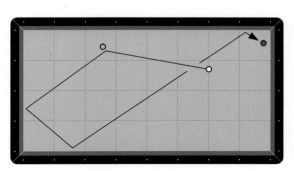

두께 :
당점 :
타법 :
속도 :
큐 기울기 :

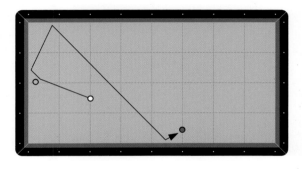

두께 :
당점 :
타법 :
속도 :
큐 기울기 :

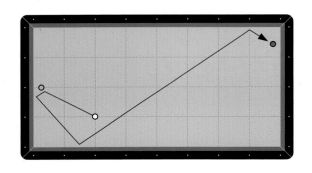

두께 :

당점 :

타법 :

속도 :

큐 기울기 :

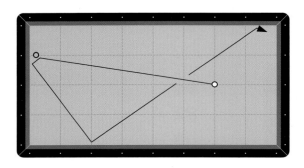

두께 :

당점 :

타법 :

속도 :

큐 기울기 :

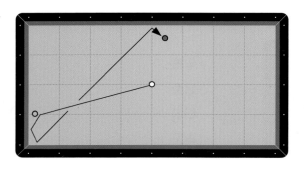

두께 :

당점 :

타법 :

속도 :

큐 기울기 :

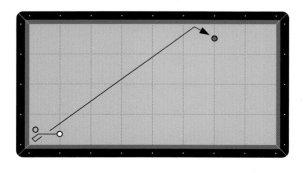

두께 :

당점 :

타법 :

속도 :

큐 기울기 :

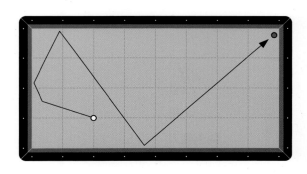

두께 :

당점 :

타법 :

속도 :

큐 기울기 :

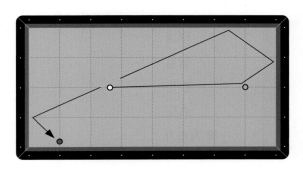

두께 :

당점 :

타법 :

속도 :

큐 기울기 :

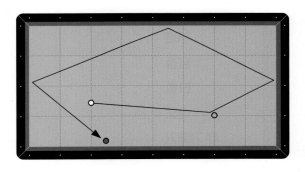

두께 :

당점 :

타법 :

속도 :

큐 기울기 :

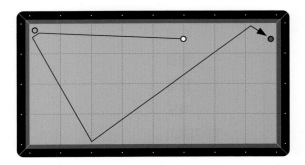

두께 :

당점 :

타법 :

속도 :

큐 기울기 :

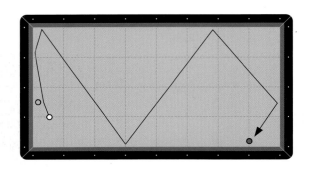

두께 :

당점 :

타법 :

속도 :

큐 기울기 :

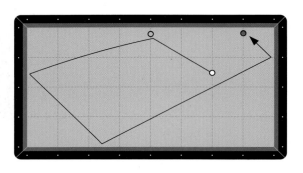

두께 :

당점 :

타법 :

속도 :

큐 기울기 :

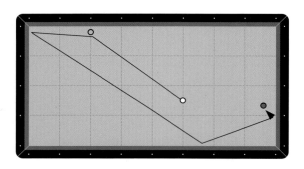

두께 :

당점 :

타법 :

속도 :

큐 기울기 :

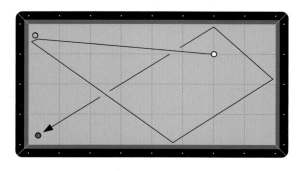

두께 :

당점 :

타법 :

속도 :

큐 기울기 :

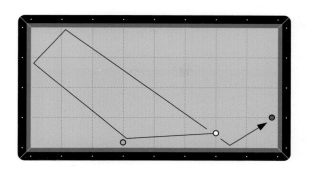

두께 :
당점 :
타법 :
속도 :
큐 기울기 :

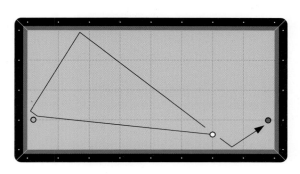

두께 :
당점 :
타법 :
속도 :
큐 기울기 :

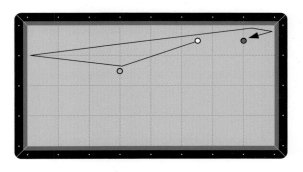

두께 :
당점 :
타법 :
속도 :
큐 기울기 :

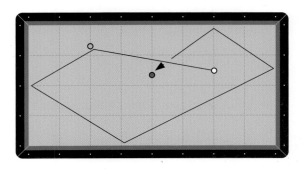

두께 :
당점 :
타법 :
속도 :
큐 기울기 :

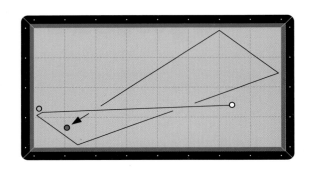

두께 :

당점 :

타법 :

속도 :

큐 기울기 :

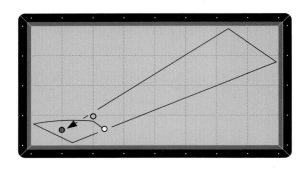

두께 :

당점 :

타법 :

속도 :

큐 기울기 :

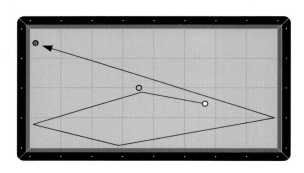

두께 :

당점 :

타법 :

속도 :

큐 기울기 :

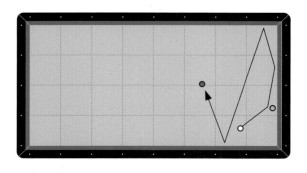

두께 :

당점 :

타법 :

속도 :

큐 기울기 :

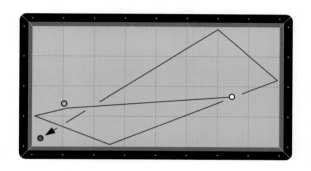

두께 :

당점 :

타법 :

속도 :

큐 기울기 :

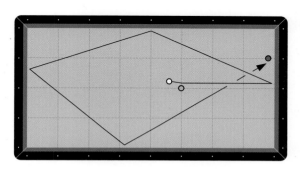

두께 :

당점 :

타법 :

속도 :

큐 기울기 :

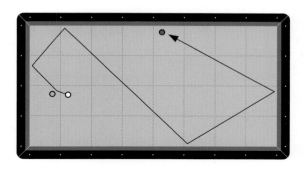

두께 :

당점 :

타법 :

속도 :

큐 기울기 :

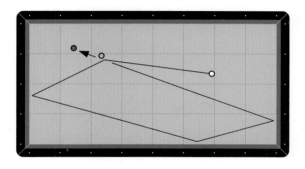

두께 :

당점 :

타법 :

속도 :

큐 기울기 :

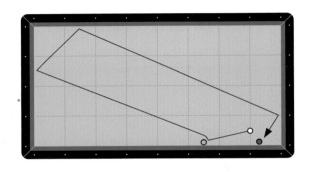

두께 :
당점 :
타법 :
속도 :
큐 기울기 :

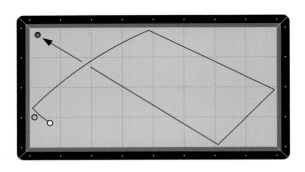

두께 :
당점 :
타법 :
속도 :
큐 기울기 :

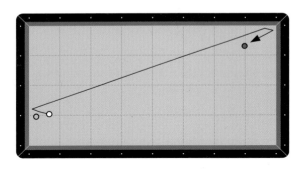

두께 :
당점 :
타법 :
속도 :
큐 기울기 :

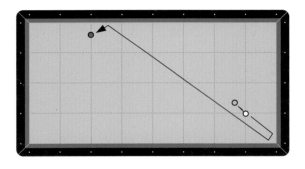

두께 :
당점 :
타법 :
속도 :
큐 기울기 :

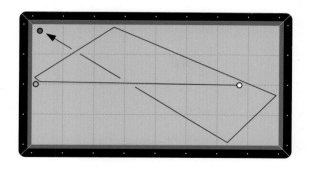

두께 :
당점 :
타법 :
속도 :
큐 기울기 :

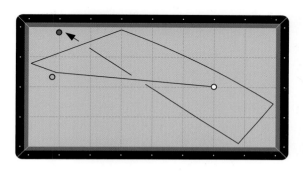

두께 :
당점 :
타법 :
속도 :
큐 기울기 :

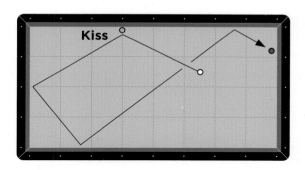

두께 :
당점 :
타법 :
속도 :
큐 기울기 :

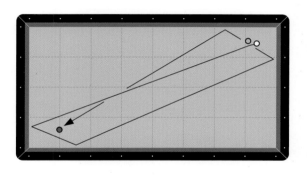

두께 :
당점 :
타법 :
속도 :
큐 기울기 :

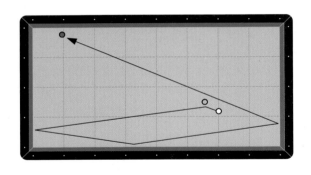

두께 :

당점 :

타법 :

속도 :

큐 기울기 :

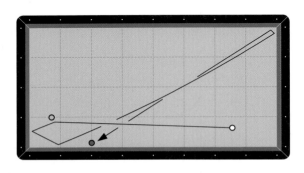

두께 :

당점 :

타법 :

속도 :

큐 기울기 :

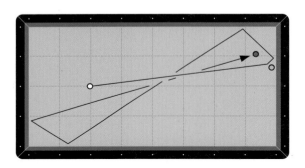

두께 :

당점 :

타법 :

속도 :

큐 기울기 :

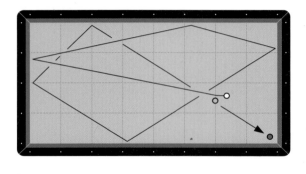

두께 :

당점 :

타법 :

속도 :

큐 기울기 :

3 ： 키스 피하기

앞 돌리기를 시도할 때 하수들은 키스를 생각하지 못하고 시도했다가 큰 낭패를 경험한다. 앞 돌리기나 옆 돌리기는 고의적으로 제1목적구의 두께를 두껍게 결정하지 않는다면 뒤 돌리기보다는 제1목적구의 경로를 쉽게 예상할 수 있으므로 키스를 피하는 방법 또한 그리 어렵지 않다. 다만 키스를 피할 수 없는 특정한 배치는 반드시 기억하고 다른 경로를 찾을 수 있는 안목을 가져야 내 실력을 높일 수 있으므로 다양한 배치를 경험하고 기억해야 한다.

키스 배치도 1

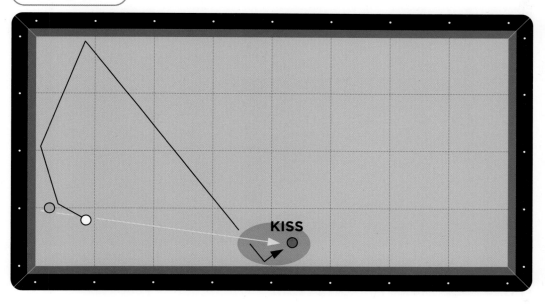

위의 배치에서 빨간 공을 제1목적구로 결정하지 않고 노란 공을 제1목적구로 결정한 것만으로도 수준 있는 선택이라고 할 수 있다. 단, 노란 공을 제1목적구로 선택하여 앞 돌리기를 시도한다면 두께가 조금만 두꺼워도 키스가 발생할 수 있다고 생각해야 한다. 노란 공이 단 쿠션에 맞고 빨간 공 쪽으로 진행하기 때문이다.

1/3 이하의 두께로 결정하여 노란 공보다 내 공이 더 빨리 진행하도록 시도해 보자. 만약 제1목적구보다 내 공이 빠르게 진행했지만 성공하지 못했다면 당점을 바꿔서 각도를 만들어야 한다.

아마도 많은 독자는 위와 같은 방법으로 시도할 것이다. 만약, 위와 같이 두께나 당점을 선택한다면 내 공은 원하는 도착을 할 수 있겠지만 제1목적구가 제2목적구를 맞혀서 득점하지 못할 것이다. 두께와 당점의 조합을 조금만 바꾸어 보자.

키스 피하기 1

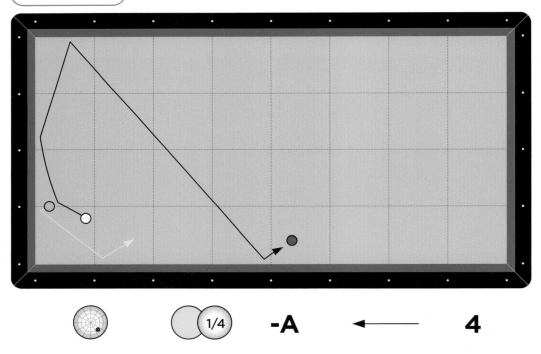

두께가 얇아도 부드러운 샷을 구사한다면 하단 당점의 효과를 충분히 낼 수 있다. 위와 같은 두께와 당점으로 시도해 보자. 제1목적구가 코너 근처에 머물면서 키스를 피할 수 있을 뿐 아니라 다음 공략을 쉽게 할 수 있는 포지션 플레이도 이루어질 것이다.

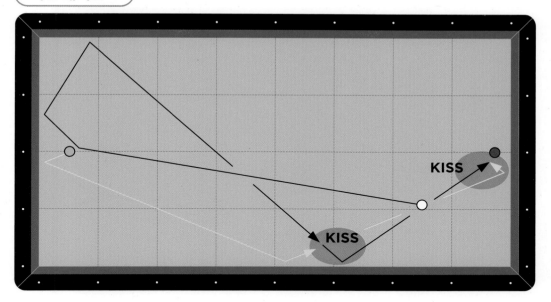

내 공이 짧게 도착하도록 하기 위하여 무턱대고 두께를 두껍게 선택한다면 내 공과 제 1목적구와의 키스를 피하기가 어렵다. 이번 배치는 두께를 선택할 방법이 많은 배치 이다.

그렇다고 두께를 대충 결정한다면 3번째 쿠션의 위치나 제2목적구의 위치에서 키스를 유발하게 되므로 키스를 피하고 득점을 할 수 있는 두께와 당점의 조합을 정확하게 알 고 있어야만 한다.

제1목적구를 내 공보다 빨리 진행하도록 하는 방법과 두께를 얇게 결정하여 내 공이 먼저 진행하도록 하는 두 가지 방법이 있다.

다른 경로도 마찬가지지만 특히 앞 돌리기나 옆 돌리기는 4구 경기에서 필요로 하는 기초적인 기술들이 절실히 요구되는 경로이다. 결론적으로 4구 경기를 잘하는 사람들 이 다양한 두께와 폭넓은 당점을 구사하면서 이와 같은 경로를 쉽게 성공할 수 있으므 로 4구 경기의 기술을 충실히 익히기 바란다.

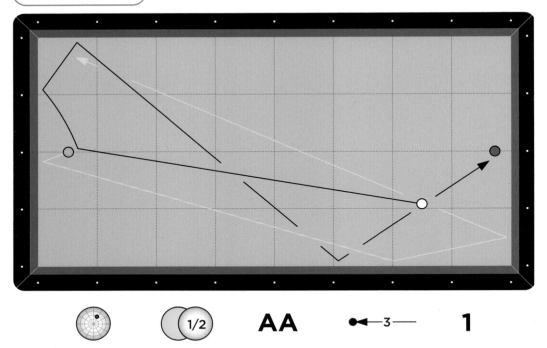

AA   ●←―3――   1

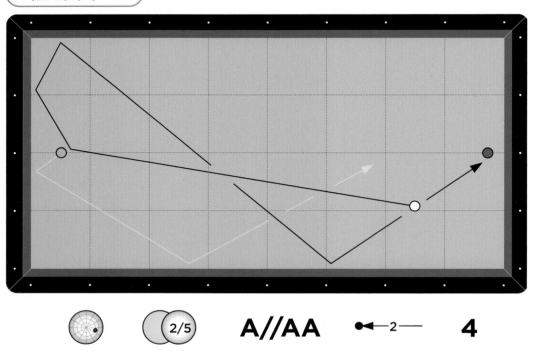

A//AA   ●←―2――   4

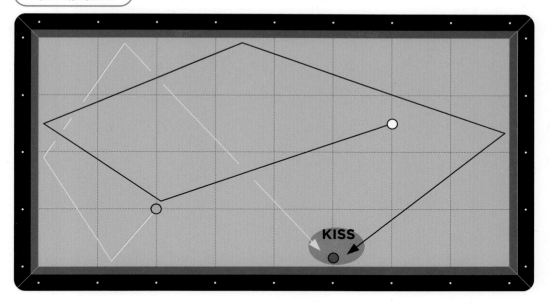

대부분 앞 돌리기를 시도할 때 좌, 우의 회전을 사용하기 꺼린다. 좌, 우의 회전을 선택했을 때 스쿼트(squirt)와 커브(curve) 현상이 일어나므로 두께를 정확하게 맞히기 어렵기 때문이다.

위와 같은 배치에서 무회전의 자연 분리만을 이용하여 시도한다면 제1목적구가 제2목적구를 맞히는 키스를 유발하게 된다. 먼 거리를 이동하여 득점에 성공하려는 순간 키스로 인하여 실패하게 되면 너무나 아쉽고 심리적으로도 상당히 위축된다.

두께를 얇게 결정하고 각도를 만들기 위해 조금이라도 우회전을 선택한다면 제1목적구보다 내 공이 빨리 진행하게 되므로 득점할 수 있는 확률이 높아질 것이다. 다만 우회전을 사용하면 무회전을 선택했을 때보다 원하는 두께를 맞히기가 어려워지므로 약한 회전력을 선택하여 두께의 정확성을 높이고, 득점에도 성공할 수 있도록 해야 한다.

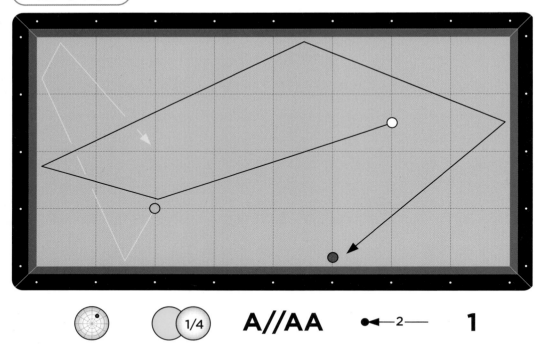

A//AA

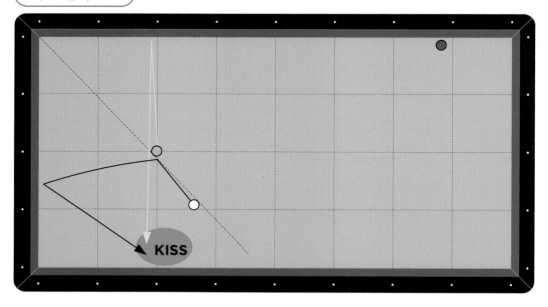

내 공의 오른쪽 끝과 목적구의 왼쪽 끝을 이은 선이 코너와 연결되어 있는 배치이다. 쉽게 생각하고 두께를 결정하면 두 번째 쿠션에서 제1목적구와 내 공이 만나는 키스를 피할 수 없다. 이 배치 이외에도 끌어서 앞으로 돌리기를 시도할 때 키스가 발생하는 특정한 배치들은 키스를 피할 방법을 외워야 한다. 만약 어떤 두께나 당점의 조합으로도 키스를 피하기 어렵다면 다른 경로를 찾아야만 같은 실수를 반복하지 않을 수 있다.

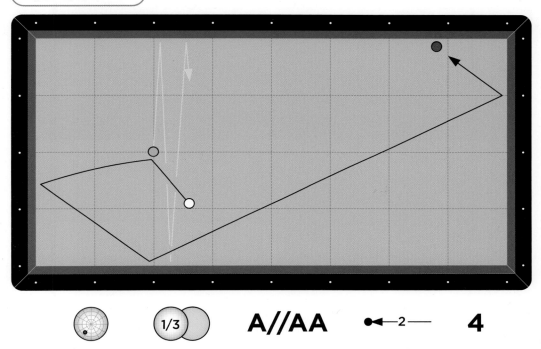

키스 피하기 4-1

A//AA ● ← 2 — 4

좌, 하의 맥시멈 당점을 선택하여 내 공의 끌림 효과를 최대로 발생시켜 보자. 얇은 두께를 맞혀도 충분히 각도를 만들 수 있을 것이다. 제1목적구가 두 번째 쿠션에 도착하기 전에 내 공이 먼저 빠져나와야 키스를 피할 수 있다. 얇은 두께를 선택하고 하단의 회전력을 최대로 증폭시키기 위해서는 짧고 간결한 샷을 해야 한다. 큐를 길게 뻗으면서 샷을 한다면 내 공이 전진하는 힘을 많이 받게 되므로 전진력을 최소화하는 것이 하단 당점의 효과를 최대화시킬 수 있는 방법이라 하겠다.

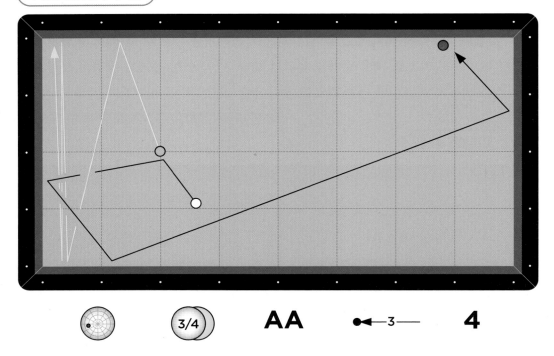

이번에는 두께를 두껍게 결정하여 시도해 보자. 이 정도로 두껍게 시도하면 오히려 더 키스가 만들어질 것으로 생각할지도 모른다. 하지만 의외로 기막힌 시간차로 키스를 피하고 득점에도 성공할 수 있다.

얇은 두께를 결정하고 맥시멈 하단 당점으로 시도하는 방법은 당점과 타법에 대한 연습이 되어 있지 않다면 실전에서 구사하기 어려울 수 있으나, 두께를 3/4로 결정하고 빠른 샷으로 시도하는 방법은 누구나 쉽게 익힐 수 있을 것이다.

이 정도로 두께를 두껍게 선택하는 경우는 앞 돌리기뿐 아니라 다른 경로에서도 많이 사용하므로 숙지해 두기를 바란다.

키스 배치도 5

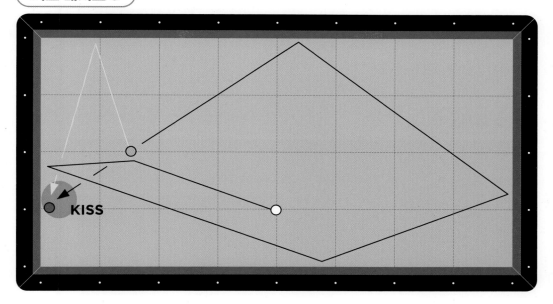

KISS

두께가 조금만 두꺼워도 제1목적구가 제2목적구를 맞히는 키스를 피할 수 없다. 앞 돌리기를 대회전으로 시도할 때 이런 유형의 키스를 많이 경험했을 것이다. 반드시 키스를 피할 수 있는 두께를 먼저 결정하고 두께에 따른 당점을 찾아야 한다.

키스 피하기 5

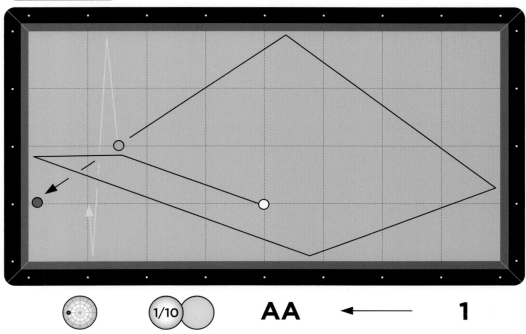

1/10   **AA**   ←   **1**

제1목적구가 밀리지 않는 두께를 결정하고 최대 회전력으로 부드럽고 빠르게 시도해야 한다. 내 공의 이동 거리가 길다고 해서 세게만 친다면 두께를 조절하기 어려워진다. 어깨부터 손가락까지 힘을 충분히 빼고 빠르고 길게 미는 스트로크(Long Follow Stroke)가 절실히 필요하다.

키스 배치도 6

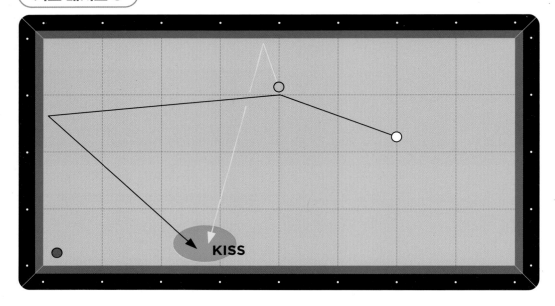

옆 돌리기를 시도하기에는 매우 어려운 배치라고 판단하여 앞 돌리기를 시도하게 되는 배치이다.

최대 회전력으로 두께를 조금만 두껍게 선택하면 쉽게 성공할 수 있을 것 같지만 어이없게도 두 번째 쿠션에서 정확하게 키스를 경험하게 될 것이다. 제1목적구의 속도와 내 공의 속도에 변화를 주어 두 번째 쿠션에 도착하는 시간을 다르게 하여야 키스를 피하고 득점을 할 수 있다. 키스가 발생하는 두께보다 더 얇게 또는 더 두껍게 결정해야 한다. 독자들은 어떤 두께와 당점의 조합을 선택하겠는가?

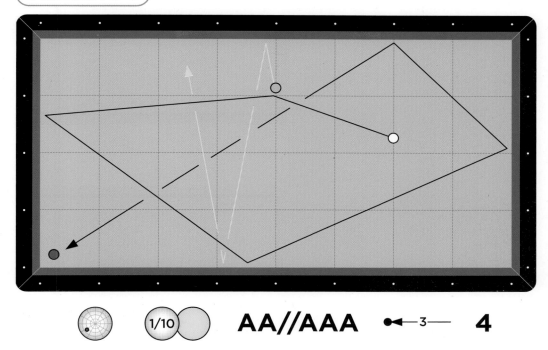

AA//AAA

매우 얇은 두께를 결정하고 하단 당점을 선택한다면 내 공이 제1목적구보다 빨리 두 번째 쿠션에 도착할 수 있다.

얇은 두께를 선택하고 너무 빠르게 샷을 한다면 첫 번째 쿠션에서도 내 공을 빠르게 뱉어 내면서 너무 길게 진행할 수 있다.

득점할 수 있을 정도의 속도로만 시도해야 하고, 앞에서도 말했지만 제1목적구를 맞히고 하단 당점의 효과를 극대화하기 위해서는 길게 미는 스트로크(Long Follow Stroke) 보다는 가볍고 짧게 미는 스트로크(Short Follow Stroke)가 훨씬 효과적이므로 간결하게 구사하는 샷을 연습해야만 쉽게 득점할 수 있다.

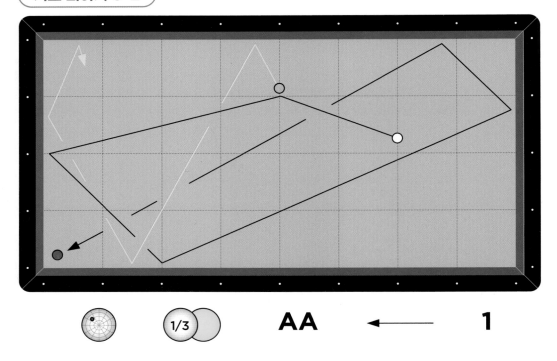

두께를 1/3, 이에 따른 10시 30분 방향의 당점으로 때리지 않고 밀어서 샷을 한다면, 내 공과 제1목적구가 두 번째 쿠션에서 멋지게 교차를 이루면서 키스를 피할 수 있다.

왼쪽 회전을 너무 많이 결정하면 각도가 짧게 형성되므로 11시~10시 30분 정도의 당점으로만 시도하도록 한다.

수강생들에게 항상 하는 말이지만 당점보다는 두께를 먼저 결정하는 습관을 들여야만 키스를 피하거나 포지션 플레이를 할 수 있다. 물론 당점이 먼저 결정되거나 속도가 먼저 결정되어야만 하는 특별한 배치들도 있지만 그런 특별한 배치들 외에는 제1목적구의 진행을 결정하는 두께를 최우선으로 선택하는 것이 발전할 수 있는 지름길이다.

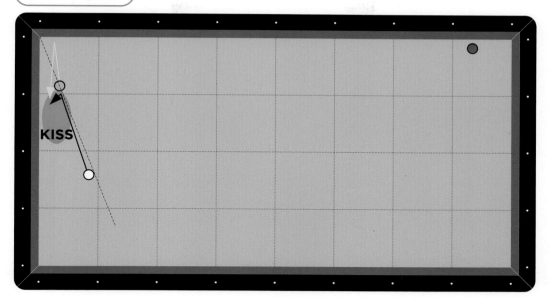

키스 배치도 7

독자들은 위와 같은 배치에서 매우 두껍고 세게 쳐야만 득점 각도를 만들어 낼 수 있다고 생각한다.

위의 문제에서 키스를 피하지 못하는 이유는 어설픈 당점의 선택 때문이다. 최하 당점을 선택한다면 세게 칠 필요도 없고, 필요 이상으로 두께를 두껍게 선택할 이유도 없다.

4구 경기의 기초적인 이론과 실기 능력만 있다면 키스의 걱정 없이 구사할 수 있는 쉬운 문제라는 것을 잘 알 것이다.

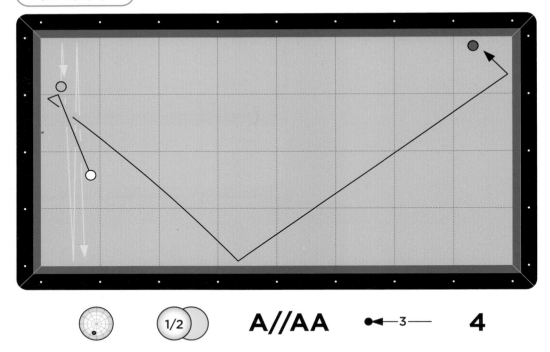

A//AA ●◀─3─ 4

1/2 정도의 두께로 시도했을 때 원하는 만큼 충분히 끌리지 않았다고 생각될 수 있으나,
왼쪽 회전이 거의 없으므로 2번째 쿠션에서 원하는 각도를 형성할 것이다.

키스 배치도 8

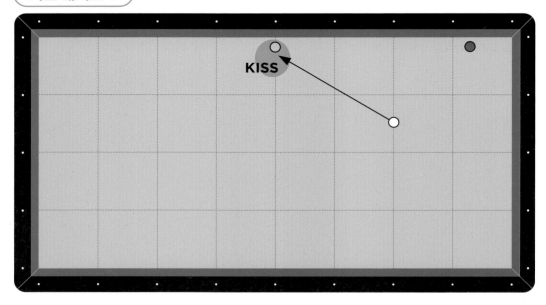

대부분 동호인은 내 공을 끌어서 진행시켜야 할 때 하단의 당점을 대충 설정한다. 중단에서 어설프게 내린 하단 당점으로 시도하려면 두께를 매우 두껍게 결정해야 하고 그에 따라 속도도 빨라야만 원하는 만큼 내 공을 끌 수 있다.

하지만 문제의 도면 배치는 두께를 조금만 두껍게 결정하여도 제1목적구와의 키스를 피할 수 없기 때문에 키스를 피할 수 있는 두께를 먼저 결정하고 그에 맞는 당점을 선택하도록 해야 한다.

키스 피하기 8

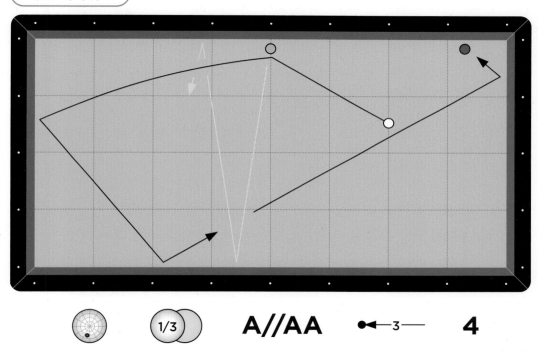

두께를 1/3로 결정한 후에 최하단의 6시 당점을 결정하고 왼쪽으로 1Tip을 선택하도록 한다. 조금 덜 끌린 것 같아도 왼쪽 회전력이 거의 없기 때문에 두 번째 쿠션에서 무회전으로 진행하면서 득점 각도가 만들어지는 것을 경험하게 될 것이다.

4 : 난구

난구(難球)라는 것은 말 그대로 성공시키기 어려운 배치를 말한다. 하지만 기본구라는 것이 모든 사람에게 기본구가 아니듯, 난구라는 것이 모든 사람에게 난구는 아니다. 쉽다고 생각하고 연습을 소홀히 하면 기본구가 난구일 수 있고, 어려워 보이지만 엄청난 연습량이 있다면 난구도 기본구가 될 수 있는 것이다.

흔히 앞 돌리기에서 난구라고 말을 하는 배치의 첫 번째는 내 공과 제1목적구의 거리가 멀어서 두께를 정확하게 맞히기 어려운 경우, 두 번째는 제2목적구가 쿠션에 가까이 위치하여 3번째 쿠션을 정확하게 맞혀야만 하는 부담이 있는 경우, 세 번째는 키스를 피해야 하는 경우일 것이다.

이런 어려움을 극복하는 방법은 아래와 같다.

1   좌, 우의 회전력을 많이 결정하면 멀리 위치해 있는 제1목적구의 두께를
    정확히 맞히기 어려우므로 좌, 우 회전을 적게 결정하고 두께를 선택한다.

2   두께를 최대한 정확하게 맞혀야 하므로 안정된 스트로크를 구사할 수 있어야 한다.

3   속도에 따라서 같은 두께를 맞혔다고 하더라도 다양한 변화가 생기므로
    배치마다 알맞은 속도를 구사할 수 있어야 한다.

4   좌, 우의 회전을 많이 결정하고 시도해야 할 경우에는 속도에 따라서
    내 공의 진행 경로가 달라지므로 원하는 두께를 맞히는 나만의 조준법이 있어야 한다.

앞 돌리기를 시도하여 난구를 해결해야 할 때 어설픈 실력의 하수들은 득점보다는 수비를 먼저 생각한다. 득점이 안 되어도 수비가 될 것으로 생각하여 대충 치는 습관이 생긴다면, 그 배치는 나중에도 득점하려 하지 않고 오로지 수비를 위한 흔히 말하는 번트(Bunt)만 시도할 것이다. 난구도 연습량이 많으면 기본구가 되므로 발전하고 싶은 마음이 있다면 머릿속에서 '수비'라는 단어는 지워야 할 것이다.

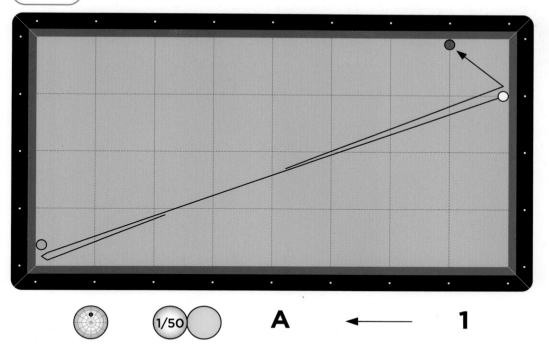

많은 동호인은 내 공이 쿠션에 가까이 붙어 있는 배치를 연습하지 않는다. 연습을 한다고 하면서도 내 공이 쿠션에 가까이 붙으면 습관적으로 떨어뜨려서 큐걸이(Bridge)를 편안하게 놓고 다음 샷을 한다.

하지만 연습은 실전처럼 해야만 한다. 내가 큐걸이(Bridge)를 잡기 좋은 배치, 칠 줄 아는 배치들만을 놓고 하는 연습은 연습이 아니라 시간 낭비일 뿐이다.

실전에서 도면의 배치를 앞 돌리기로 공략하지는 않는다. 실전에서 앞 돌리기에 대한 자신감을 갖기 위하여 내 공과 제1목적구를 쿠션에 붙여 놓고 두께 연습을 해 보자. 3m가 넘는 거리를 진행시켜서 내가 원하는 두께를 맞히는 것이 매우 어렵겠지만 자주 연습하다 보면 먼 거리의 두께 정확성이 향상될 것이다.

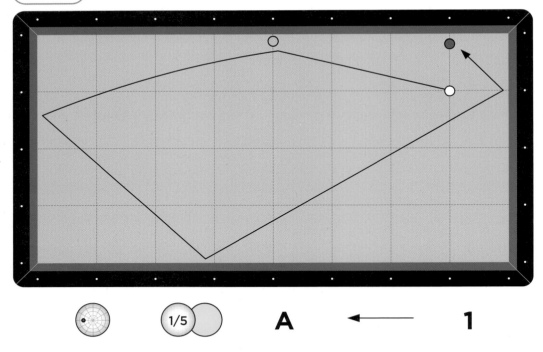

1/5   A   ←   1

제1목적구가 쿠션에 붙어 있다. 다른 경로를 생각할 수 있지만 앞 돌리기 경로로 어렵지 않게 성공할 수 있다.

제1목적구가 쿠션에 붙어 있기 때문에 키스(Kiss)가 걱정될 것이다. 최대 9시 방향의 회전력으로 1/5 정도의 얇은 두께를 맞힌다면 가벼운 키스를 이용하여 자연스럽게 각도를 만들 수 있다.

키스가 빤히 보이는 배치에서 키스를 피하면서 시도해야 하는 경우도 많지만, 위와 같이 키스를 이용해서 쉽게 득점할 수 있는 배치를 많이 알고 있다면 위기를 극복해야 할 때 많은 도움이 될 것이다.

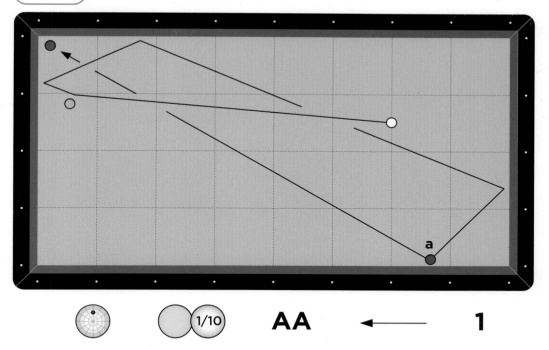

세로길이 원

1/10

AA ← 1

두께가 조금만 두꺼워도 대회전으로 진행시키는 것이 불가능하지만 부드럽고 길게 미는 스트로크(Long Follow Stroke)를 할 수 있다면 어려운 위기를 극복할 수 있다.

대회전으로 진행시켜야 한다는 생각 때문에 엄청나게 세게 치는 모습을 많이 보게 된다. 제2목적구가 a의 위치에 놓여 있다고 생각하고 느리고 부드럽게 시도해 보자. 대회전으로 진행시키기 위한 속도가 생각보다 매우 느리다는 것을 알고 샷을 해야 한다.

독자들은 문제해결을 위해 두께와 당점만 고민한다. 두께와 당점이 잘 맞아도 알맞은 속도와 타법이 구사되지 않으면 원하는 결과를 얻을 수 없다. 속도에 대한 감각은 머리가 아니라 몸으로 익히는 것이므로 꾸준한 연습만이 속도감을 익힐 수 있다.

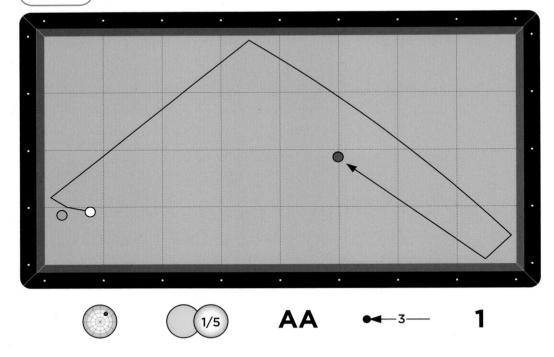

1/5　AA　●◄─3─　1

독자들은 속도에 따라서 회전이 어떤 효과를 내는지 잘 알지 못한다. 위의 문제에서 속도가 느리면 2쿠션 이후에 위의 그림과 같은 내 공의 진행을 만들 수 없다.

상단 회전은 속도가 빠르면 큐가 겨눈 방향으로 계속 진행하려는 성질을 가진다. 1쿠션에서 2쿠션까지는 쿠션의 탄력으로 인해 직선으로 진행하지만 2쿠션에서 3쿠션으로 진행하는 과정에서 속도가 조금 떨어지면서 상단 회전력이 영향력을 발휘하게 된다.

상단 당점으로 빠르게 샷을 한다면 두께가 조금 얇게 맞아도 내 공이 커브를 그리면서 득점할 수 있는 각도가 만들어지는 모습을 볼 수 있을 것이다.

난구 5

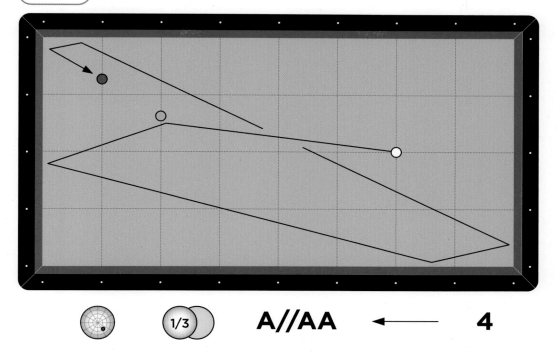

A//AA ← 4

두께를 얇게 선택하여 시도하다 보면 제1목적구가 제2목적구를 맞히는 키스를 유발할 수 있다.

두께를 조금 두껍게 1/3 정도로 결정하고 약한 역회전으로 시도해 보자. 제1목적구가 빨간 공과 쿠션 사이의 공간으로 빠져나가면서 키스를 피할 수 있다. 이때 역회전을 선택하지 않으면 득점을 할 수 없으므로 독자들이 연습하는 당구대의 상태에 따라서 적절한 (-)당점을 찾아야 할 것이다.

두께를 조금 두껍게, 그리고 대회전으로 시도해야 한다고 해서 세게 친다면 원활하게 진행되지 않는다. 빠르게 샷을 하면서도 큐를 깨끗하고 똑바르게 뻗으려고 신경 써야 좋은 효과를 볼 수 있다.

끌어치기

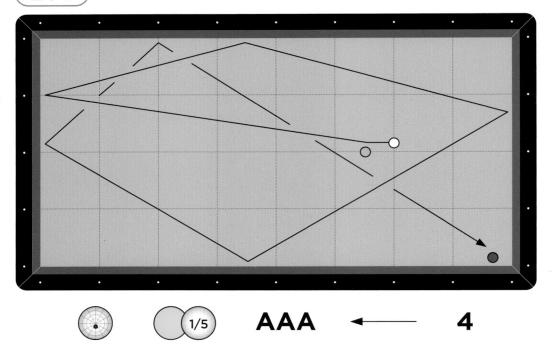

AAA ← 4

대회전으로 시도할 때보다 더욱 빠른 속도를 구사할 줄 알아야 한다.

독자들은 위와 같은 경로로 진행시키기 위해 두께를 매우 얇게 선택하고 진행 방향의 회전을 조금이라도 선택해야만 성공할 수 있다고 생각한다. 상, 하 회전도 마찬가지 만 좌, 우 회전은 필요에 의해서 선택되어야 한다.

내 공이 쿠션에 거듭 맞으면서 저절로 진행 방향의 회전이 발생하게 되므로 무회전(No English)으로 시도하여도 득점 각도를 만들어낼 수 있다. 이때, 상단 당점보다는 중앙보 다 낮은 당점을 선택하는 것이 1쿠션에 맞고 나오는 내 공의 진행 속도를 뺏기지 않으 므로 당점을 신중하게 결정하도록 한다.

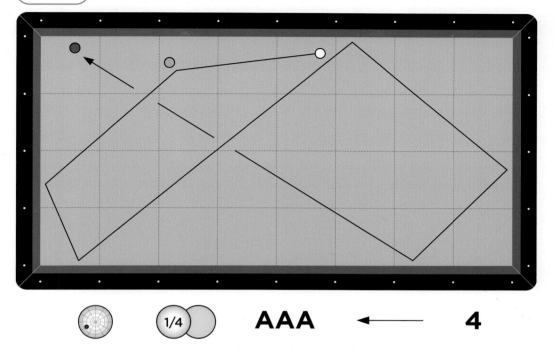

1/4 · AAA ← 4

좀처럼 생각해 내기 힘든 경로일 것이다.

대부분 앞 돌리기의 경로를 3쿠션, 또는 4쿠션까지만 생각한다. 조금 빠르게 샷을 하면서 5~6쿠션까지의 경로를 관찰해 본 사람이라면 충분히 생각해 낼 수 있는 경로일 것이다.

이번 문제도 매우 빠르게 샷을 해야 하므로 빠른 스트로크를 하면서 두께와 당점을 소홀히 하지 않도록 집중하면서 연습을 해야 할 것이다.

5 : 연속 득점

앞 돌리기를 시도하면서 연속 득점(Position Play)을 위한 포지션 플레이를 할 때 반드시 앞 돌리기나, 뒤 돌리기 형태를 만들겠다는 생각은 위험하다. 득점을 할 수 있는 경로가 앞 돌리기나 뒤 돌리기만 있는 것은 아니기 때문이다. 포지션 플레이를 할 때는 몇 가지 법칙을 지켜 주면 어렵지 않게 득점할 수 있는 배치를 만들 수 있다.

두 개의 목적구 중에 하나를 코너로 보낸다.

목적구 둘 중 하나가 코너에 위치한다면 다른 하나의 목적구가 당구대의 중앙이나 다른 위치에 있어도 연속 득점을 하기 수월해진다.

문제 1

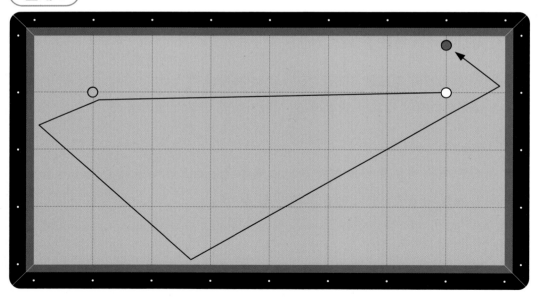

제1목적구를 1/4 정도의 두께로 맞추어 약한 좌회전으로 득점을 할 수 있다. 하지만 이런 두께의 선택은 제1목적구가 장-단 쿠션으로 이동하면서 단 쿠션의 중앙 부근에 도착하게 되므로 다음 공격이 매우 어려워지게 된다.

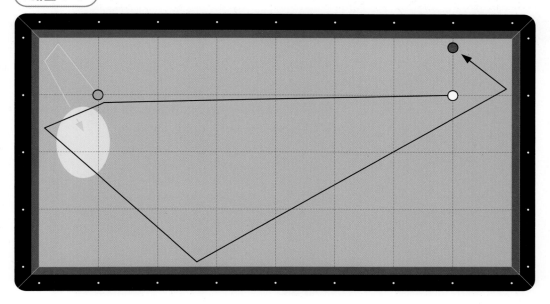

두께 1/2, 10시 당점으로 시도한 결과이다. 아래와 같은 방법으로 시도해 보자. 제1목
적구를 코너에 도착시키면서 다음 공격을 쉽게 이어 나갈 수 있을 것이다.

해법 1-2

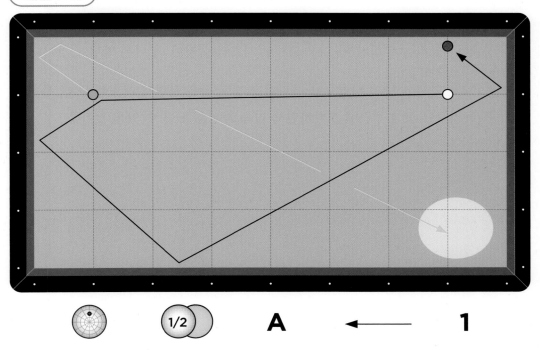

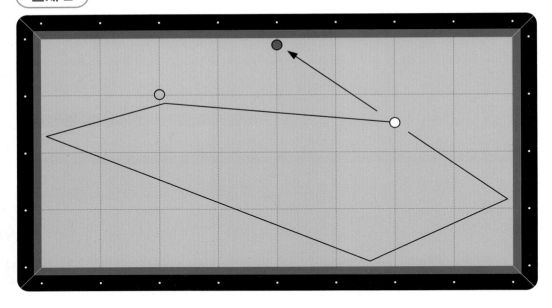

제2목적구가 장 쿠션의 중앙에 놓여 있기 때문에 제1목적구의 두께를 선택할 수 있는 여유가 그리 많지 않다.

만약 두께를 넉넉하게 1/3 정도로 결정한다면 역(-)회전을 선택해야만 득점 각도를 만들 수 있지만, 멀리 놓여 있는 목적구의 두께를 정확하게 맞히기 위해서는 좌, 우의 회전을 선택하기보다는 무회전(No English)으로 시도하는 것이 더 나은 방법일 것이다.

두께를 1/4로 맞히고 12시 당점으로 부드럽고 길게 샷을 하면서 시도해 보자. 득점 이후에 제1목적구는 코너 부근에 도착하면서 연속 득점을 노릴 수 있을 것이다.

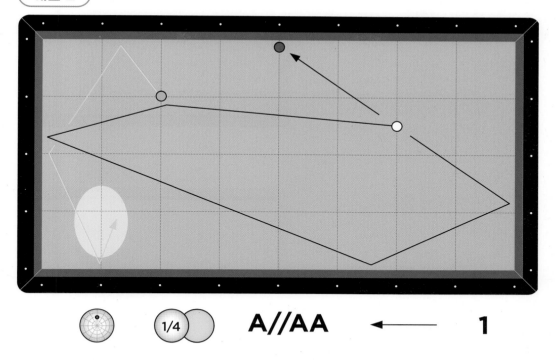

A//AA ← 1

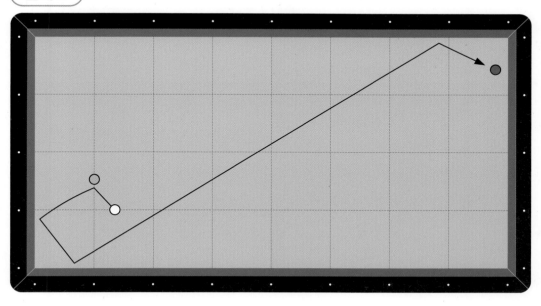

하단 당점으로 끌면서 각도를 만들어 득점을 할 수 있는 비교적 쉬운 문제라고 할 수

있다. 하지만 어설프게 낮춰서 당점을 선택하면 세게 쳐야만 내 공의 끌림 효과를 낼
수 있으므로 제1목적구의 속도를 제어하기 어려워진다.

해법 3

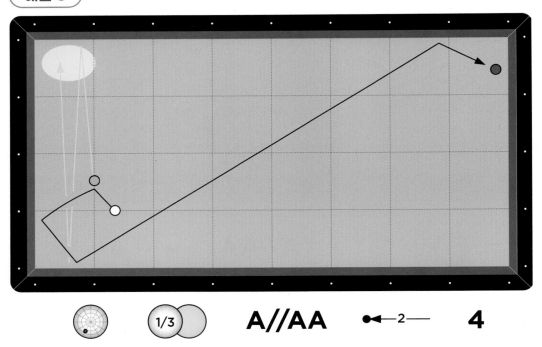

A//AA   ●←—2—   **4**

문제 4

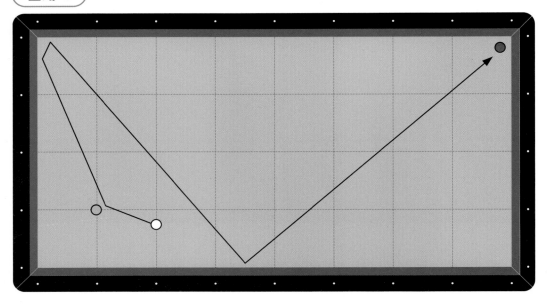

실전에서 자주 선택하게 되는 경로이다. 득점만 신경을 쓰게 되면 제1목적구의 진행 방향이나 속도를 조절할 수 없다. 내가 선택한 두께에 의해서 제1목적구가 얼마나 이동하게 되는지 미리 예상할 수 있어야 두께와 당점을 선택할 수 있다.

아래와 같은 두께, 당점, 타법, 속도를 선택해 보자.

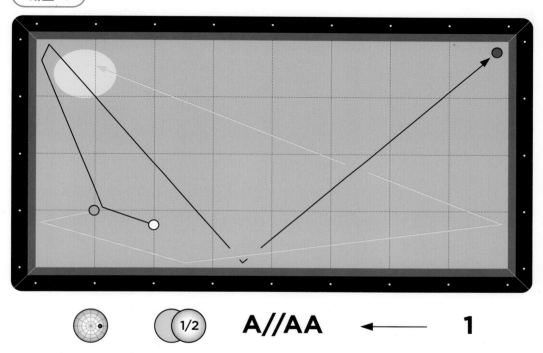

A//AA ⟵ 1

내 공의 이동 거리가 멀다고 판단하여 굉장히 세게 치는 모습을 보게 된다. 자연스러운 득점을 할 수 있을 정도의 속도로 시도해 보자. 생각보다 적은 스피드로 득점을 할 수 있고, 원하는 포지션을 만들 수 있다는 것을 느낄 것이다.

우리글1

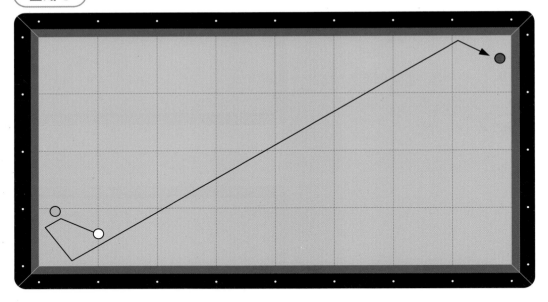

많은 독자가 위와 같은 문제를 해결할 때 포지션을 신경 쓰지 않는다. 그렇기 때문에 내가 생각한 당점을 먼저 결정하고 이후에 당점을 선택하게 되는 것이다. 해법을 보기 전에 당구대에서 먼저 시도해 보고 나름대로 해법을 찾아보자.

해법 5

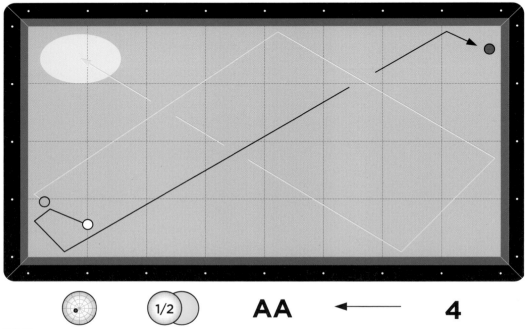

AA ← 4

해결 방법을 몰랐던 독자들은 처음부터 포지션 플레이가 되는 해법으로 배우고 기억하면 되겠지만 오랫동안 득점만을 위한 답을 기억하고 있던 독자들에게는 새로운 도전이라 하겠다.

실전에서 시도할 수 있으려면 적어도 3개월 이상의 꾸준한 노력이 필요하고, 배운 것이 잘 안 되면 될 때까지 해 보려는 끈질긴 인내심이 필요하다.

세 개의 공을 모두 장 쿠션의 직사각형에 위치하도록 한다.

장 쿠션을 따라서 형성되는 긴 직사각형 안에 세 개의 공이 모두 도착하도록 하는 것은 포지션 플레이의 가장 대표적인 방법일 것이다. 이런 포지션은 3쿠션 경기를 즐기는 독자들이라면 누구나 쉽다고 생각하는 배치이므로 연속 득점을 위한 뒤 돌리기나 1뱅크 샷(Bank Shot) 또한 같이 연습해야 할 것이다.

하지만 이와 같은 배치를 만들 수 있는 앞 돌리기 배치는 몇 가지로 정해져 있기 때문에 기억하고 있어야만 실전에서 좋은 결과를 얻을 수 있다. 제1목적구의 힘 조절을 위하여 너무 무리한 두께를 선택하다 보면 득점이 어려울 수 있으므로 내 공과 제1목적구의 속도 밸런스(Balance)를 맞출 수 있는 배치인지 아닌지를 구분할 줄 알아야 한다.

포지션을 생각하여 가까이 놓여 있는 목적구를 선택할 수 있는 배치를 무리해서 멀리 놓여 있는 목적구를 제1목적구로 선택하는 오류를 범하지 않도록 해야 한다.

내 공과 제1목적구의 속도 밸런스를 맞출 수 있는 배치인지 아닌지를 구분할 줄 알아야 한다.

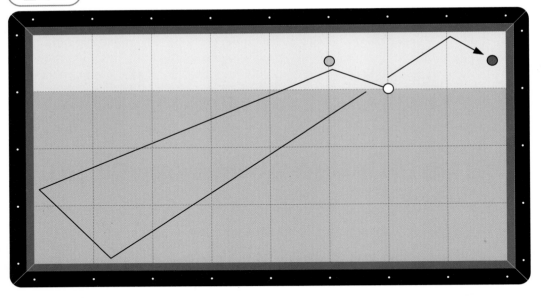

상단의 장 쿠션에 형성된 직사각형에 세 개의 공을 모두 도착시켜야 하는 문제이다.
제1목적구를 장-장-장 쿠션으로 진행시키는 방법과 장-장-단 쿠션으로 진행시키는
방법. 두 가지로 시도할 수 있다.

해법 6-1

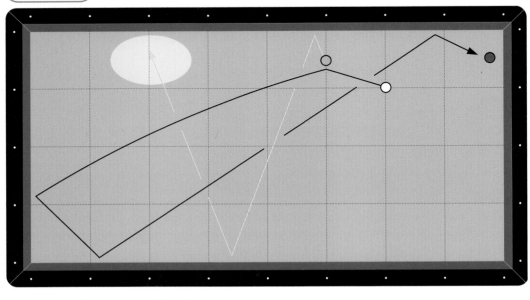

A//AA ●←3— **4**

너무 부드럽게만 샷을 하면 제1목적구가 느리게 진행한다. 약하게 때리는 듯한 샷을 하면 제1목적구가 원하는 위치에 도착할 것이다.

해법 6-2

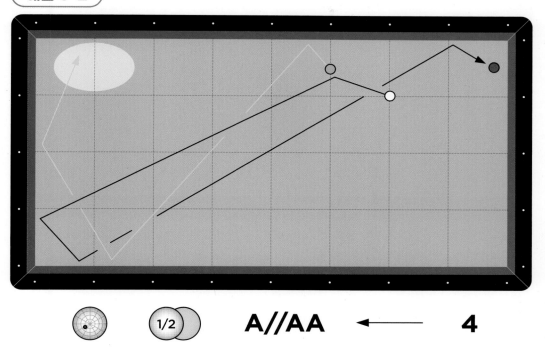

두 번째 방법은 어설픈 두께로 시도하면 키스의 위험이 있다.

키스를 피할 수 있는 정확한 두께를 눈으로 관찰하면서 연습을 해야만 실전에서 확신을 가지고 시도할 수 있을 것이다.

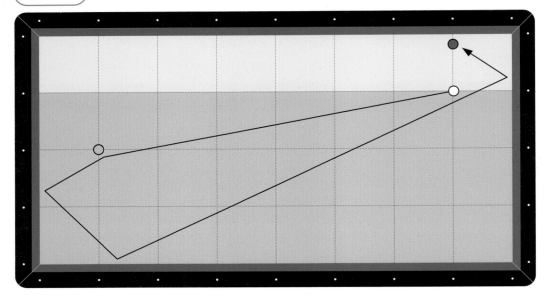

앞 돌리기 경로의 기본형이라 할 수 있고, 득점을 하면 거의 자동으로 포지션이 되는 배치이다. 포지션을 하려 하지 말고 득점에만 집중하면서 시도하면 아주 좋은 연속 득점의 기회가 찾아올 것이다.

해법 7

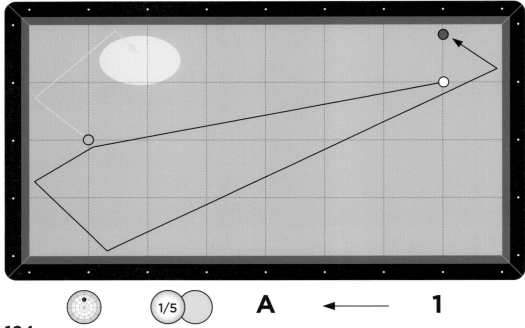

A ← 1

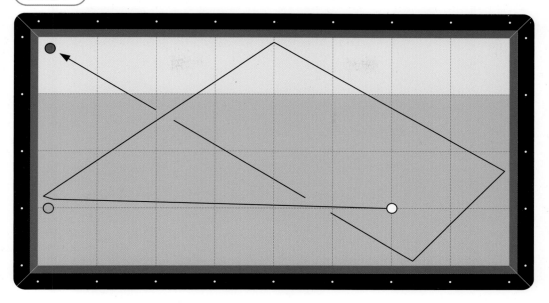

대부분 독자는 대회전으로 시도하려고 할 때 포지션을 생각하기보다는 빠르게 샷을 해야 한다는 고정관념 때문에 두께를 소홀히 한다.

내 공을 대회전으로 진행시키기 위한 속도는 생각보다 빠르지 않다. 실제로 뱅크 샷을 해 보면 어느 정도의 속도인지 금방 느낄 수 있을 것이다.

배치에 따라서 다르지만 두께, 당점, 속도, 타법 중에서 제일 먼저 결정하고 신경을 써야 하는 것은 두께이다. 위의 문제에서도 불필요한 속도로 샷을 한다면 두께가 잘 맞아도 생각과는 다른 진행을 보이게 된다.

해법 8

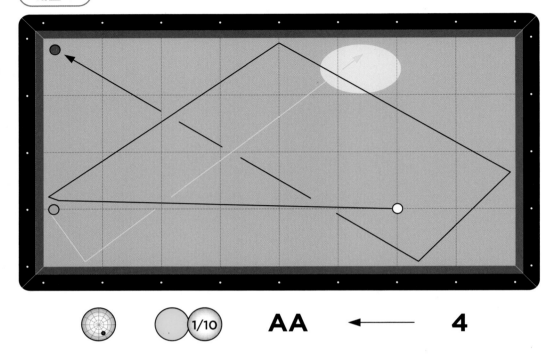

1/10   **AA**   ←   **4**

당점을 하단으로 선택하는 이유는 내 공의 순조로운 진행을 위함이다. 내 공이 단 쿠션에 거의 직각으로 진행하기 때문에 상단 회전으로 시도를 한다면 1쿠션에 맞은 이후에 진행하는 속도가 느려질 수 있다.

두께가 조금 두꺼워도 하단 회전 때문에 진행에 문제가 없다고 생각하여 빠르게만 샷을 한다면 두께를 소홀히 하는 버릇이 생기게 된다.

대충 쳐 놓고 맞기를 바라면 안 된다. 하나하나 꼼꼼하고 정확하게 구사하면서 성공에 만족하여야 하고, 실패했을 때 원인이 무엇인지 알 수 있어야 같은 실수를 하지 않을 수 있다.

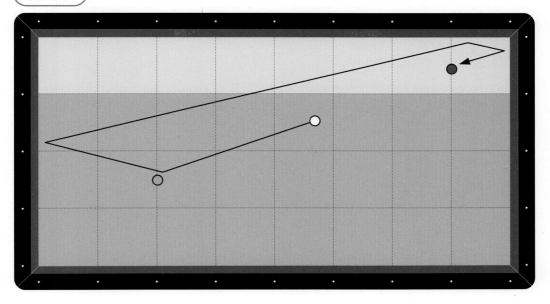

이번에는 흔히 다대, 또는 세워 치기라고 하는 경로로 진행시켜야 하는 문제이다. 어렵다고 생각하는 독자들도 있겠지만 이와 같은 경로의 진행은 좌, 우의 회전을 거의 사용하지 않기 때문에 두께에만 집중한다면 성공률을 높일 수 있다.

이번 문제는 제2목적구가 그림과 같이 코너 근처에 놓여 있는 앞 돌리기를 시도할 때 기준으로 삼을 만한 문제이므로 배치와 해법을 반드시 외우길 바란다.

3쿠션을 연습하고 공부할 때 모든 배치의 해법을 외울 수는 없다. 무회전(No English), 또는 최대 회전(Maximum English)으로 시도했을 때의 진행 경로 몇 가지를 외워서 변형된 배치에 응용하여 시도하는 것이 훨씬 효과적인 학습 방법이다.

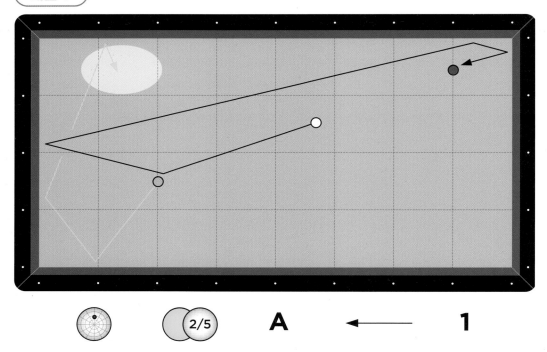

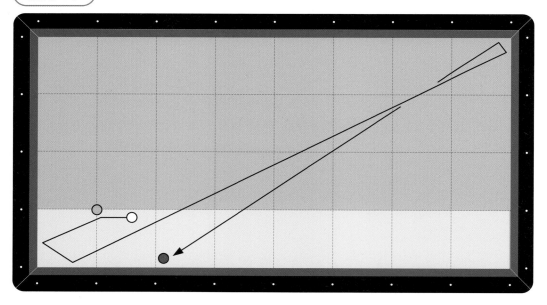

문제의 진행 그림만 보면 굉장히 어렵다고 느낄 수 있다. 예술구처럼 보이기도 하고, '내가 이런 걸 칠 수 있을까'하는 생각이 들기도 한다. 해법을 보기 전에 독자들이 미리 예습을 해 보고 자신이 찾아낸 답과 비교해 보기 바란다.

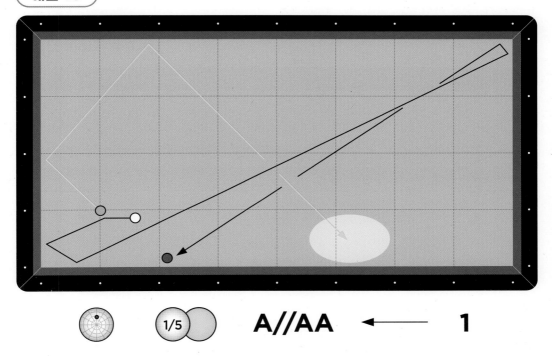

독자들은 내 공이 3쿠션에서 4쿠션으로 진행할 때 회전이 많아야만 득점 각도를 만들 수 있다고 생각한다. 이러한 생각 때문에 두께를 얇게 선택하고 최대 회전으로 시도하게 된다. 막상 이런 두께와 당점의 조합으로 시도해 보면 코너를 돌지도 못한다는 것을 알게 될 것이다.

내 공에 부여한 회전력은 영원불멸이 아니다. 때로는 회전이 만들어지기도 하고, 소멸되기도 하기 때문에 내 공이 쿠션에 맞으면서 회전력이 어떻게 변하는지 관찰하는 시간을 갖는 것이 중요하다. 위의 문제는 생각보다 훨씬 부드럽고 느리게 시도하여도 성공할 수 있다.

포지션 플레이는 득점할 확률이 8할 이상일 때 시도하는 것이다. 제1목적구와 내 공의 거리가 가까운 경우의 앞 돌리기는 성공률이 높기 때문에 포지션 플레이를 생각하지만, 난구를 해결하거나 뒤 돌리기를 시도할 때 키스를 피하기 위한 앞 돌리기는 포지션 플레이보다는 득점에 집중하는 것이 우선이다.

독자들이 앞 돌리기를 연습할 때 가장 신경 써야 할 것은 두께이다. 내 공과 제1목적구의 거리가 가까워도 약간의 두께 차이 때문에 엄청난 오차를 보인다. 더군다나 내 공과 제1목적구와의 거리가 멀다면 더욱 두께의 정교함이 필요하므로 포지션 플레이보다는 득점에 더 신경을 써야 할 것이다.

4구 경기의 실력을 쌓는 것은 매우 중요하다. 내 공의 이동 거리는 3구 경기보다 훨씬 짧지만, 당구의 기초 원리나 당점을 구사하는 능력, 두께의 변화에 따른 당점 선택 능력 등을 모두 배울 수 있기 때문이다.

필자는 수강생들에게 늘 강조하는 것이 있다. 4구 경기가 3쿠션 경기보다 재미없고 치기 싫겠지만 4구 경기를 많이 하고 4구 수지를 높이라는 것이다. 4구 실력이 향상될수록 내 공만 보던 눈이 제1목적구를 관찰할 수 있는 능력이 생기게 된다.

제1목적구의 움직임을 예상할 수 있어야 하고 관찰할 줄 아는 폭넓은 시야가 생겨야만 3쿠션 경기를 할 때 키스를 피할 수도 있고 포지션 플레이도 할 수 있다.

6 : 앞 돌리기의 다양한 포지션 플레이

앞 돌리기의 다양한 포지션 플레이를 소개한다.

포지션 플레이에서 중요한 것은 득점이 우선이라는 것이다.

물론 득점을 하면서 포지션 플레이를 할 수 있는 배치인데 자신의 연습이 부족해서 구사하지 못한다면 연습을 해서 실전에서 구사할 수 있어야 하지만, 득점 자체가 어려운 배치를 쥐어짜면서 연속 득점을 노린다면 포지션은 물론이고 득점을 할 수 없다.

다시 말하지만 득점할 수 있는 경로는 다양하다. 폭넓은 생각을 하고 고수들의 플레이를 눈여겨보면서 나와 얼마나 다르게 구사하는지 비교 분석하여 실력을 발전시킬 수 있도록 해야 한다.

여기서 소개하는 포지션 플레이는 실전에서 선수들이 구사하는 방법을 위주로 소개하는 것이므로 반드시 숙지하고, 수많은 반복연습으로 자신의 것으로 만들기를 바란다.

포지션 플레이에서 중요한 것은
득점이 우선이라는 것이다.
참고 동영상을 참고하세요. (1~6)

앞 돌리기1

앞 돌리기6

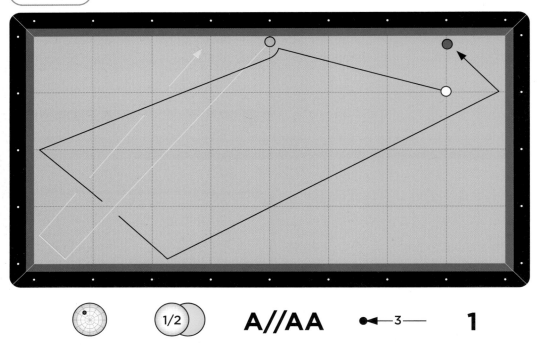

A//AA ●◂—3— 1

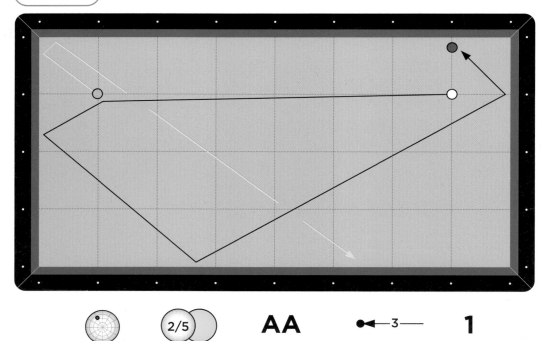

AA ●◂—3— 1

Case 3

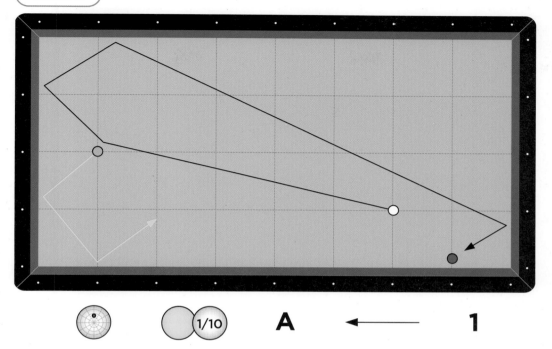

Case 4

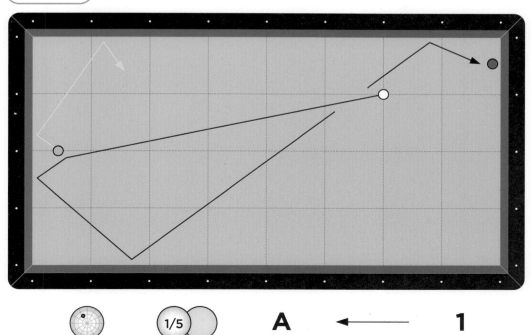

Case 5

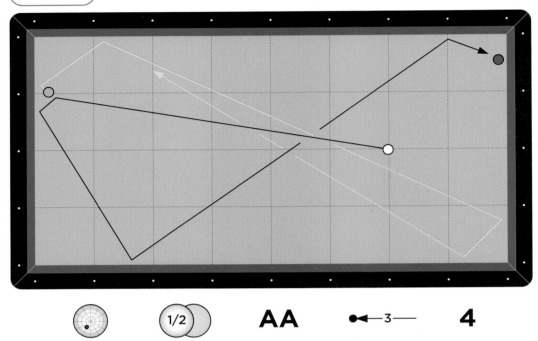

AA ●←—3— **4**

Case 6

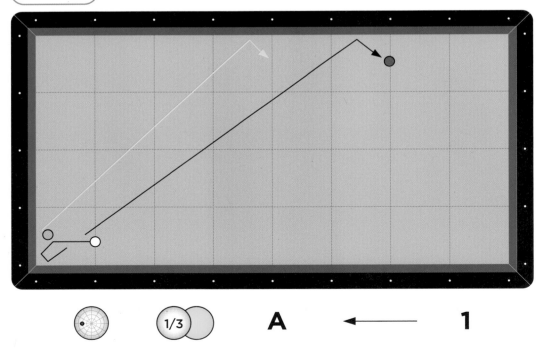

A ←———— **1**

114

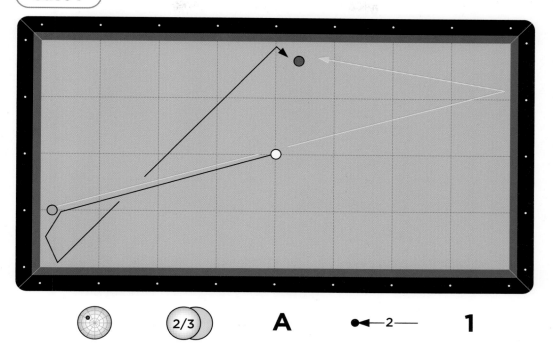

Case 7

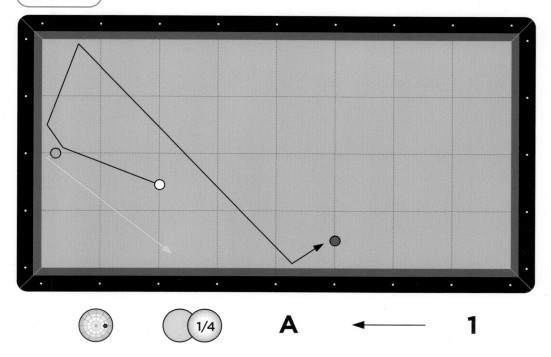

Case 8

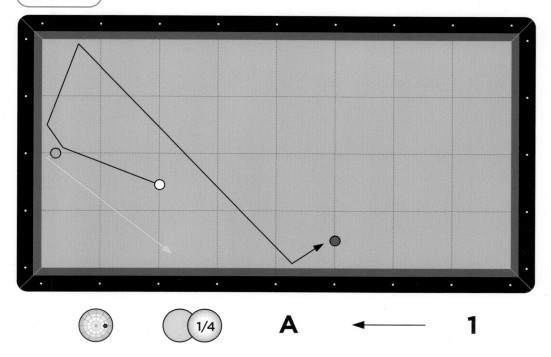

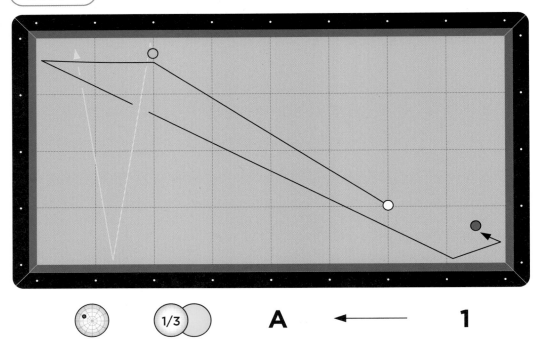

A ← 1

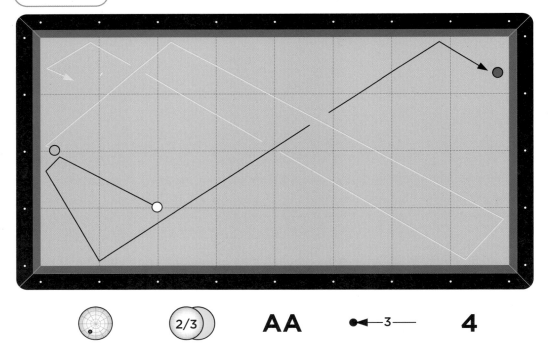

AA ←3— 4

Case 11

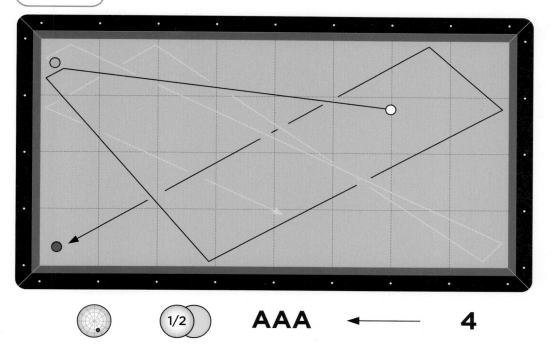

  AAA ⟵ **4**

Case 12

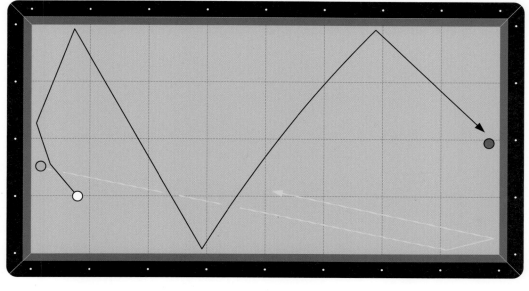

AA//AAA ⟵ **1**

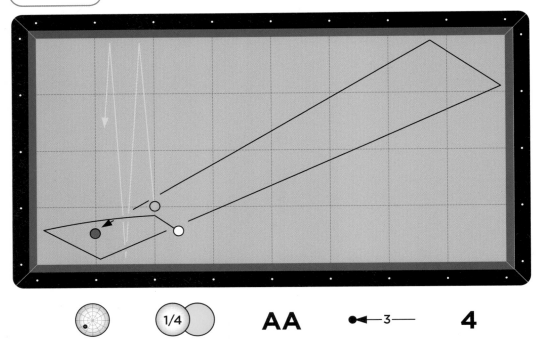

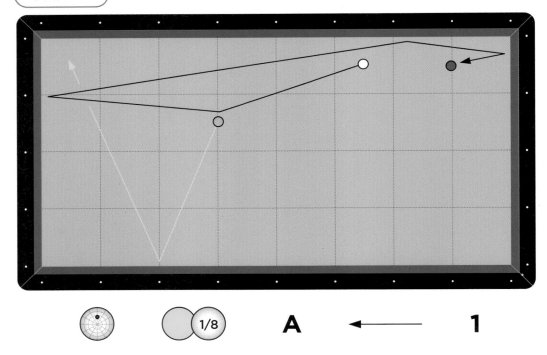

118

Case 15

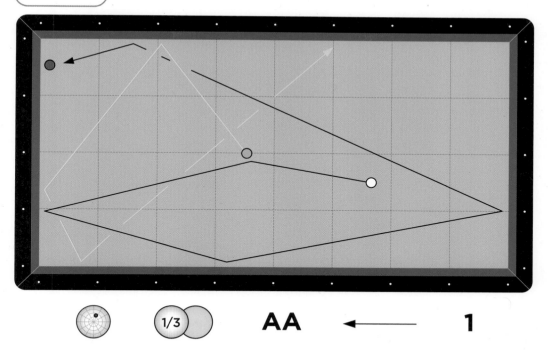

AA ← **1**

Case 16

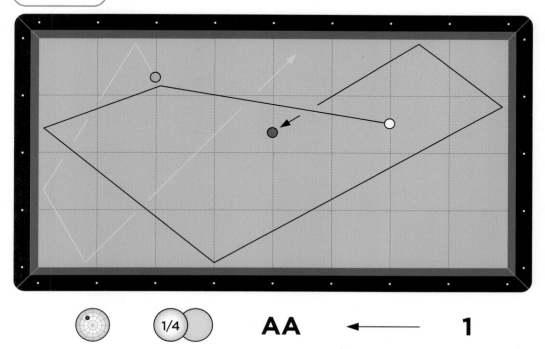

AA ← **1**

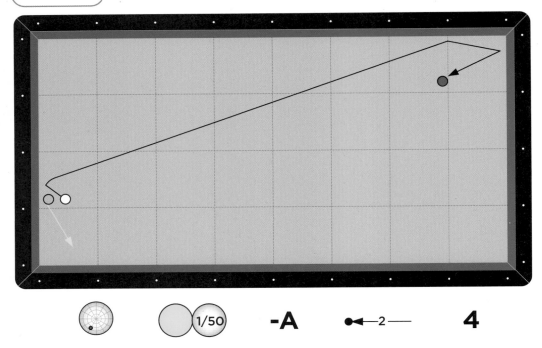

-A   2   4

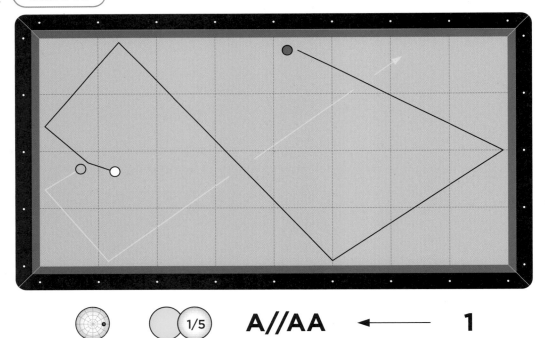

A//AA   1

Case 19

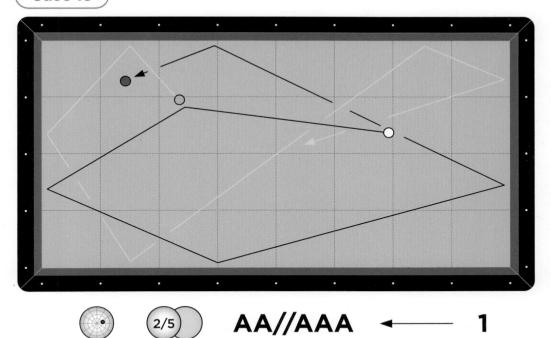

2/5   **AA//AAA** ← 1

Case 20

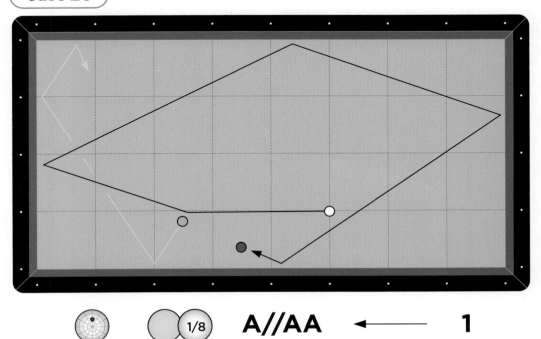

1/8   **A//AA** ← 1

3-CUSHION
Billiards
BIBLE

PART

V

비껴 돌리기 2

비껴 돌리기 2의 경로

단 쿠션에 가까이 배치된 제1목적구를 내 공으로 맞힐 때 목적구의 쿠션에 가까운 쪽 부분을 맞혀서 목적구를 밀어낸 후에 바로 쿠션에 맞고 단-장-단(장)으로 진행하는 경로를 장 쿠션을 따라서 진행하는 비껴 돌리기라고 말한다.

앞 돌리기 경로와 비슷하나 목적구가 쿠션에 가까이 위치해 있을 때 공략하는 방법으로 키스 발생률이 낮고, 3쿠션 경기에서는 득점뿐만 아니라 포지션 플레이가 용이하므로 매우 많은 연습 시간을 투자하여야만 하는 중요한 경로이다.

두께와 좌, 우의 회전량, 속도에 따라서 내 공의 진행 경로가 많은 차이를 보이므로 당점의 효과를 잘 알고 있어야만 실전에서 자신 있게 시도할 수 있다. 따라서 배치에 따른 두께, 당점, 타법 그리고 속도의 조합을 알맞게 선택할 수 있도록 무수히 많은 연습이 필요하다.

내 공이 첫 번째 쿠션에 맞고 나서 자신이 원하는 진행과 달랐을 때 타법을 문제 삼는 사람이 많지만, 타법이 아니라 두께에 따른 당점의 조합이 가장 큰 원인이므로 팁을 정확하게 분배하여 구사할 수 있는 능력을 키우길 바란다.

비껴 돌리기 2의 공략법

장 쿠션을 따라서 진행하는 비껴 돌리기는 내 공이 제1목적구의 앞으로 진행하느냐, 제1목적구의 뒤로 진행하느냐에 따라서 크게 2가지로 구분할 수 있을 것이다.

제1목적구의 앞으로 진행하는 비껴 돌리기는 대회전이 아닌 이상 키스를 걱정하지 않아도 되지만, 제1목적구의 뒤로 진행하는 비껴 돌리기는 키스의 위험이 있기 때문에 두께와 당점을 신중히 선택해야 한다.

제1목적구를 맞히고 내 공이 앞으로 진행하는 비껴 돌리기의 대표적인 배치이다. 이런 배치의 문제는 두께에 따른 내 공의 회전력이 각도를 어느 정도로 형성하는지에 대한 지식이 필요하다.

Basic 1

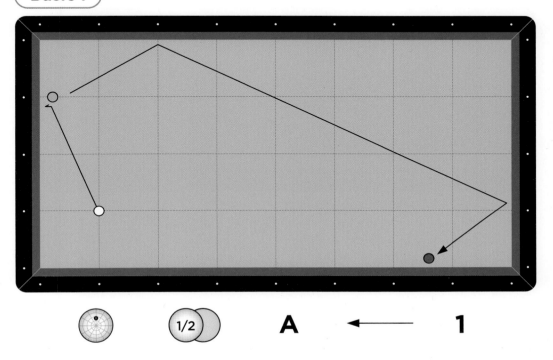

Basic 1과 Basic 2는 내 공과 제1목적구가 같은 위치에 놓여 있다. 같은 두께를 맞히면서 무회전(No English)으로 시도한 Basic 1과 최대 회전(Maximum English)으로 시도한 Basic 2를 기억하자. 두께의 겨냥이 쉽고, 무회전(No English)이나 최대 회전(Maximum English)으로 성공이 가능한 배치들을 외우고 있다면 이외의 다른 배치들은 조금의 응용만으로 쉽게 성공할 수 있으므로 계산법으로 접근하는 것보다 훨씬 시간을 절약할수 있다. 내 공과 목적구의 위치를 다양하게 바꿔 가면서 회전에 따른 각도의 변화를 경험해야 한다. 당구는 머리로 익혀야 하는 영역과 몸으로 익혀야 하는 영역이 있다. 눈으로 보고 머리로만 익히면 실력이 향상될 것이라고 착각하면 안 된다.

Basic 2

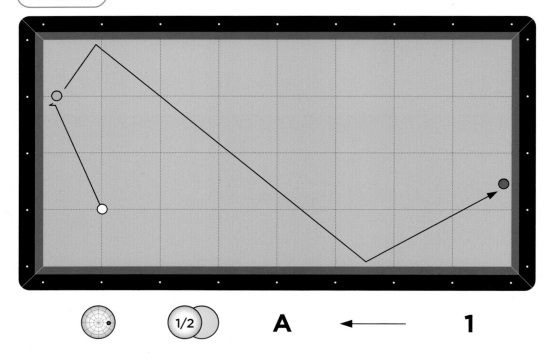

Basic 3

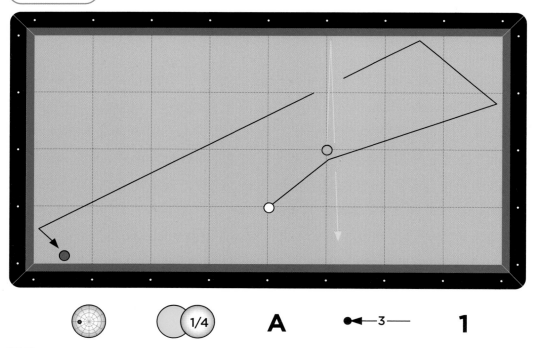

Basic 3은 제1목적구가 쿠션에서 떨어져 있다.

이렇게 제1목적구가 쿠션에서 많이 떨어져 있는 경우에는 제2목적구의 위치, 키스, 포지션 플레이에 따라서 제1목적구의 앞 또는 뒤로 다양하게 공략할 수 있으므로 두께와 회전에 따른 각도 변화에 대한 연습이 당연히 필요하고, 키스를 피하기 위해서는 두께에 따른 제1목적구의 진행 속도를 몸으로 익혀야 한다.

9시 방향으로 회전을 먼저 정하고 이에 따른 두께를 고른다면 키스를 피하기 어렵다. 두께를 1/4로 선택하고 9시 방향의 회전으로 충격을 주는 샷을 한다면 키스를 피할 수 있고 제1목적구도 아래쪽 장 쿠션에 도착하면서 연속 득점이 쉬워질 것이다.

이후 다양한 공략법은 키스 피하기와 난구, 포지션 플레이 편에서 자세히 다루기로 하겠다.

키스를 피하기 위해서는
두께에 따른 제1목적구의 진행 속도를
몸으로 익혀야 한다.

2 : 비껴 돌리기 2의 다양한 배치

여러 가지의 다양한 배치를 독자들은 반드시 직접 구사해 보고 답을 찾아보기 바란다. 문제에 대한 답은 연속 득점 편에 소개하겠다. 자신이 찾아낸 답과 비교해 보고 어떤 방법이 더 바람직한 것인지 판단하기를 바란다.

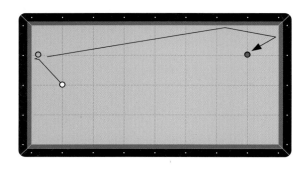

두께 :
당점 :
타법 :
속도 :
큐 기울기 :

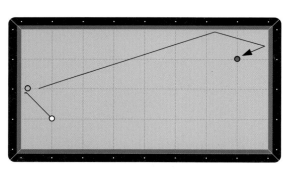

두께 :
당점 :
타법 :
속도 :
큐 기울기 :

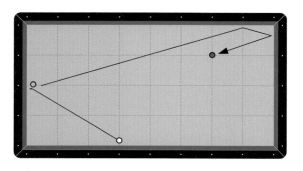

두께 :
당점 :
타법 :
속도 :
큐 기울기 :

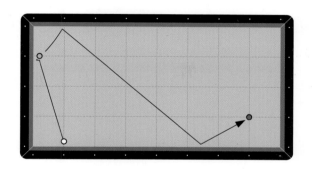

두께 :
당점 :
타법 :
속도 :
큐 기울기 :

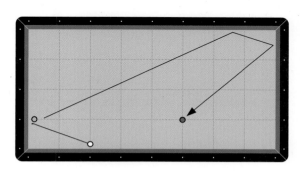

두께 :
당점 :
타법 :
속도 :
큐 기울기 :

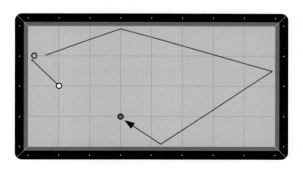

두께 :
당점 :
타법 :
속도 :
큐 기울기 :

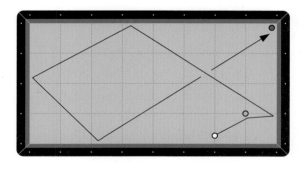

두께 :
당점 :
타법 :
속도 :
큐 기울기 :

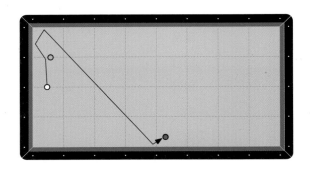

두께 :

당점 :

타법 :

속도 :

큐 기울기 :

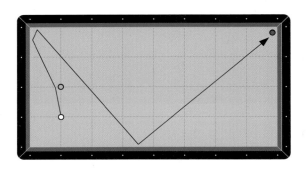

두께 :

당점 :

타법 :

속도 :

큐 기울기 :

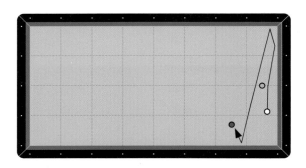

두께 :

당점 :

타법 :

속도 :

큐 기울기 :

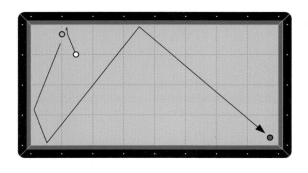

두께 :

당점 :

타법 :

속도 :

큐 기울기 :

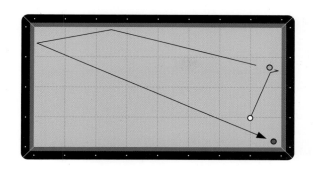

두께 :

당점 :

타법 :

속도 :

큐 기울기 :

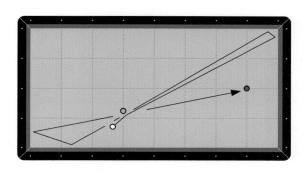

두께 :

당점 :

타법 :

속도 :

큐 기울기 :

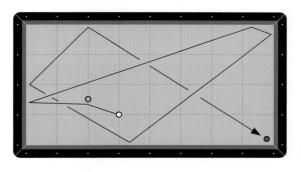

두께 :

당점 :

타법 :

속도 :

큐 기울기 :

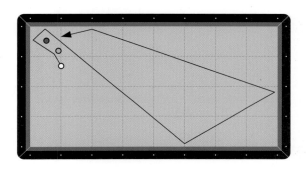

두께 :

당점 :

타법 :

속도 :

큐 기울기 :

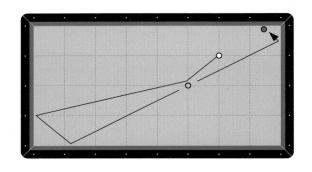

두께 :

당점 :

타법 :

속도 :

큐 기울기 :

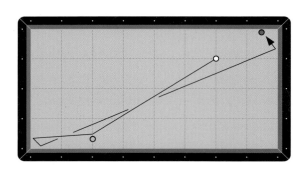

두께 :

당점 :

타법 :

속도 :

큐 기울기 :

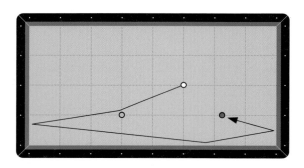

두께 :

당점 :

타법 :

속도 :

큐 기울기 :

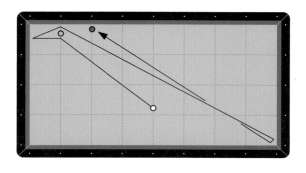

두께 :

당점 :

타법 :

속도 :

큐 기울기 :

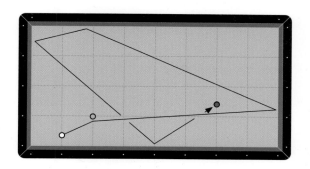

두께 :

당점 :

타법 :

속도 :

큐 기울기 :

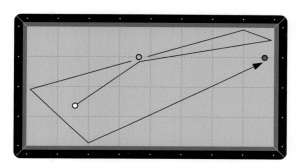

두께 :

당점 :

타법 :

속도 :

큐 기울기 :

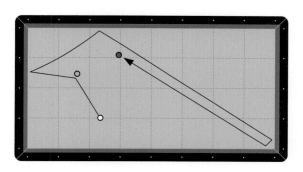

두께 :

당점 :

타법 :

속도 :

큐 기울기 :

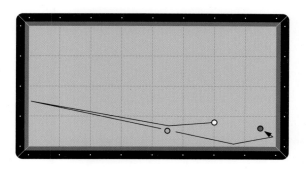

두께 :

당점 :

타법 :

속도 :

큐 기울기 :

3 : 키스 피하기

제1목적구가 쿠션에 가까이 놓여 있는 경우에는 키스가 없지만 제1목적구가 쿠션에서 떨어져 있어서 뒤 돌리기처럼 진행시켜야 할 때는 제1목적구와 내 공이 교차를 하게 되므로 키스가 발생할 수 있다.

제1목적구와 내 공이 같은 위치에 놓여 있어도 제2목적구의 위치에 따라서 회전량을 바꾸게 되면 키스가 발생할 수 있으므로 두께와 회전량에 따른 내 공과 제1목적구의 진행 속도를 예상할 수 있어야 한다.

장 쿠션을 따라서 진행하는 비껴 돌리기를 시도할 수 있는 각도는 뒤 돌리기처럼 다양하지 않으므로 키스가 발생하는 특정 배치만 기억하고 있어도 실전에서 큰 효과를 볼 수 있다. 다음에 소개되는 키스 배치도의 문제는 9시 방향의 회전을 먼저 결정하고 두께를 나중에 정한다면 키스를 피하기가 어렵다.

키스 배치도 1

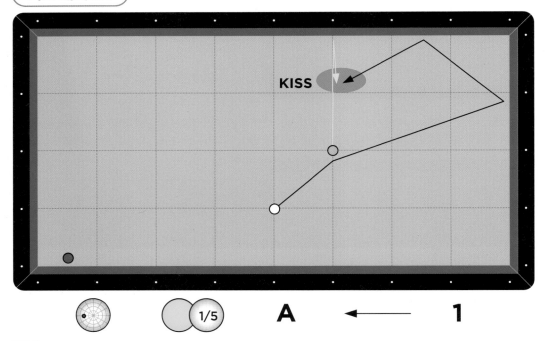

키스를 피할 수 있는 두께와 당점의 조합을 찾기 위해서는 당점보다 두께가 먼저 결정되어야 한다. 두께를 1/8 정도로 선택하고 이에 따른 회전을 10시 30분 정도로 결정한다면 제1목적구보다 내 공이 빨리 진행하면서 키스를 피할 수 있다.

키스 피하기 1-1

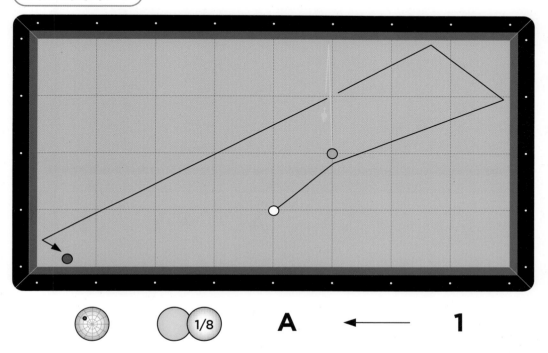

평소에 사용하지 않던 두께와 당점의 조합은 새롭게 느껴진다. 생소하기 때문에 거부감이 느껴질 수도 있다. 하지만 실전에서 키스의 위험을 피하기 위해서는 기존에 알고 있던 나만의 해법을 버려야 한다.

**발전이라는 것은
변화에 적응하는 것이다.**

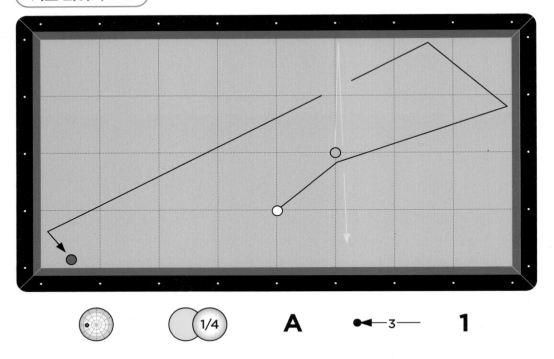

두께를 조금 두껍게 결정하면서 타법을 바꾸어도 키스를 피할 수 있는데 충격을 주면 서 짧게 때리는 듯한 샷을 하면 내가 결정한 회전이 순간적으로 극대화되면서 원하는 진행의 각도를 만들 수 있다.

짧게 끊어서 치는 타법은 내가 선택한 당점의 효과를 순간적으로 극대화시키는 효과 가 있다.

이런 타법은 내 공에 변화를 주어야 할 때(❶ 분리각을 크게 할 때 ❷ 회전을 극대화시켜야 할 때 ❸ 제1목적구를 많이 이동시켜야 할 때) 사용되므로 내 공이 변화 없이 자연스럽게 진행 해야 할 때는 충격을 최소화하면서 길게 미는 스트로크(Long Follow Stroke)를 해야 성공률이 높아질 것이다.

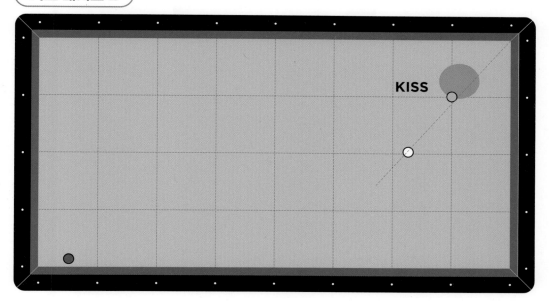

위의 도면처럼 제1목적구에 의해서 내 공의 위치에서 코너가 보이지 않는다면 키스의 확률이 매우 높다.

만약 코너와 제1목적구, 내 공이 직선으로 놓여 있다면 키스를 피할 수 없으므로 다른 경로를 선택하여야 한다.

위의 배치에서는 키스의 확률이 높지만 적절한 두께와 당점의 조합을 찾아낸다면 키스를 피할 수 있다.

뒤 돌리기의 키스 피하기 편에서도 설명하였지만, 위와 비슷한 형태로 놓인 뒤 돌리기도 키스를 피하기 어렵다. 실제로 공을 놓고 연습하면서 해법을 찾아보기 바란다.

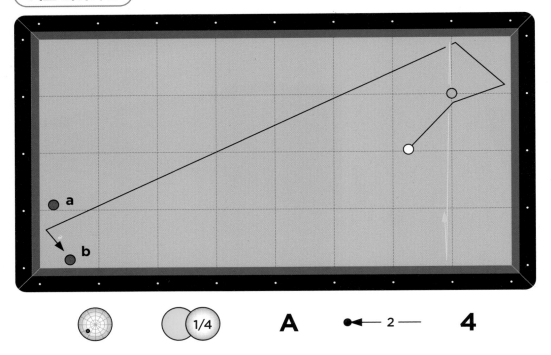

만약 제2목적구가 a의 위치에 있다면 키스를 걱정할 이유가 없다. 비껴 돌리기를 짧게 시도하여 득점할 수 있으므로 제1목적구의 두께를 매우 얇게 선택하고 9시 방향의 최대 회전으로 시도하면 내 공이 코너를 돌아 나올 수 있는 공간이 충분히 만들어지기 때문이다.

키스 배치도 2는 제2목적구가 b의 위치에 있으므로 비껴 돌리기를 길게 시도하는 것이 정석적이지만 제1목적구를 조금은 두껍게 맞혀야 각도를 만들 수 있기 때문에 키스의 위험이 클 수밖에 없다.

해법처럼 두께를 1/4, 7시 30분 방향의 하단 회전으로 짧고 간결한 샷을 하면 키스를 피하고 득점을 할 수 있다.

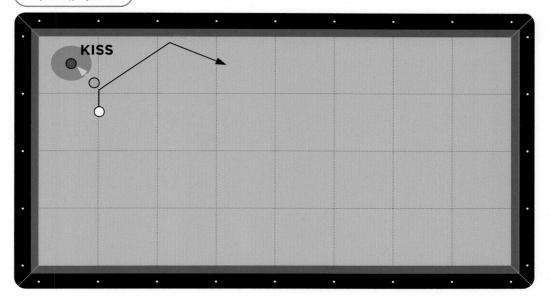

키스 배치도 3은 옆 돌리기로 시도를 하려 한다면 키스를 피하기가 불가능하다. 하수 들은 대부분 3뱅크(Bank)를 시도하지만, 키스를 피하기 위해서는 비껴 돌리기로 경로 를 바꾸는 것도 좋은 방법이다.

키스 피하기 3

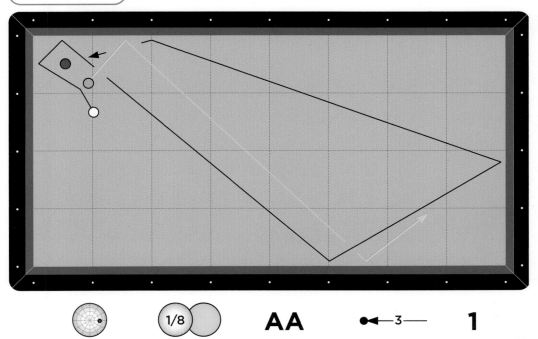

비껴돌리기

1/8   AA   ●◂—3—   1

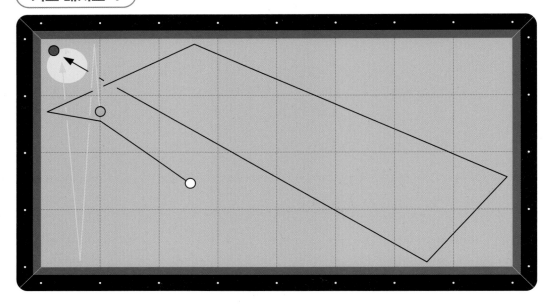

누구나 쉽게 시도하지만, 키스를 예상하지 못하면 득점할 확률은 떨어진다.

실전에서 이러한 경험을 많이 했을 것이다. 제1목적구가 더블로 진행하면서 내 공이 거의 득점이 되려는 순간에 내 공 또는 제2목적구와의 키스가 발생한다.

재수가 없어서 키스가 발생하는 것이 아니다. 키스를 피할 수 있는 두께와 당점의 조합을 모르기 때문에 키스가 발생하는 것이다.

비껴 돌리기로 시도한다면 제1목적구의 진행 경로를 바꿀 수는 없지만, 두께와 당점의 조합으로 제1목적구의 진행 속도를 느리게 바꿀 수 있다.

독자들은 어떤 조합으로 공략할지 예습을 해 보자.

**키스를 피할 수 있는 두께와
당점의 조합을 모르기 때문에
키스가 발생하는 것이다.**

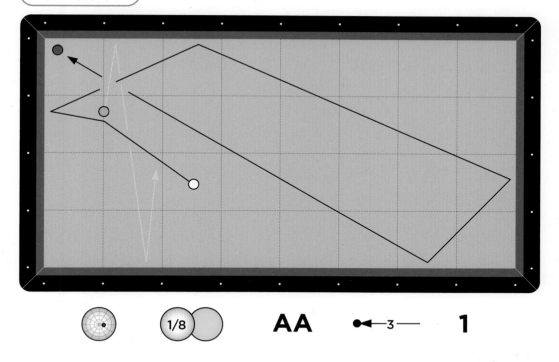

키스 피하기 4

최대로 왼쪽의 회전을 먼저 결정하면 어쩔 수 없이 두께를 조금 두껍게 맞힐 수밖에 없다. 그리하지 않으면 내 공이 짧게 진행하기 때문이다.

키스를 피할 수 있는 두께를 먼저 결정하자. 얇게 1/8 정도로 선택하고, 9시 방향의 약한 회전으로 시도하면 제1목적구가 당구대의 중앙 쪽으로 이동하는 모습을 볼 수 있을 것이다. 더욱이 두께가 얇기 때문에 제1목적구의 속도가 느려지면서 전혀 키스를 걱정하지 않아도 된다는 것을 확인할 수 있다.

4 : 난구

난구(難球)라는 것은 말 그대로 성공시키기 어려운 배치를 말한다. 하지만 기본구라는 것이 모든 사람에게 기본구가 아니듯, 난구라는 것이 모든 사람에게 난구는 아니다. 쉽다고 생각하고 연습을 소홀히 하면 기본구가 난구일 수 있고, 어려워 보이지만 엄청난 연습량이 있다면 난구도 기본구가 될 수 있는 것이다.

흔히 비껴 돌리기 2를 시도할 때 난구라고 말을 하는 배치는 당구대의 대각선 방향으로 제1목적구 – 내 공 – 제2목적구가 놓인 경우를 말한다. 좌, 우의 최대 회전력으로 얇은 두께를 맞혀야 할 때 원하는 두께를 정확하게 맞히기가 어려운 배치, 또는 가까스로 두께를 맞히더라도 키스가 발생하는 배치이다.

이와 같은 어려움을 극복하는 방법은 간단하다. 최대 좌, 우의 회전력을 결정하고 원하는 두께를 맞히는 연습을 많이 하는 것이다. 연습할 때는 두께를 최대한 정확하게 맞혀야 하므로 회전 방향으로 큐를 비틀지 말고 깨끗하고 안정된 스트로크를 구사하면서 내가 겨냥한 두께와 실제로 맞는 두께를 관찰하면서 연습하도록 한다. 내 공과 제1목적구의 거리와 속도에 따라서 내 공의 진행 경로가 달라지므로 원하는 두께를 맞히는 나만의 조준 방법을 익혀야 한다.

연습이 부족하여 두께에 대한 자신감이 없다고 판단이 된다면 실전에서 비껴 돌리기를 고집하기보다는 다른 경로를 선택하는 것도 바람직한 방법이다.

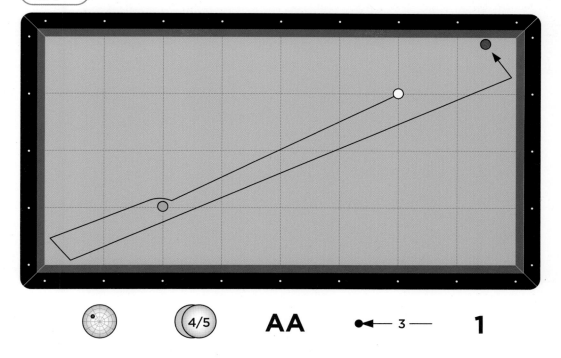

(4/5) AA ●← 3 — 1

최대 회전으로 두께를 얇게 맞혀도 키스를 피하기가 어렵고 키스를 피한다고 하더라도 내 공의 진행 각도가 너무 길어지거나 짧아져서 득점이 불가능에 가깝다.

두께를 얇게 선택하지 말고, 정면에 가까운 두꺼운 두께를 선택하여 시도해 보자. 내 공과 제1목적구와의 거리가 멀어서 두껍게 맞히기도 쉽지는 않으나 득점이 거의 불가능한 얇은 두께보다는 성공률이 훨씬 높을 것이다.

해법처럼 두께를 4/5 정도로 맞혀서 득점이 된다면 득점 후에 연속 득점 포지션이 자연스럽게 만들어진다.

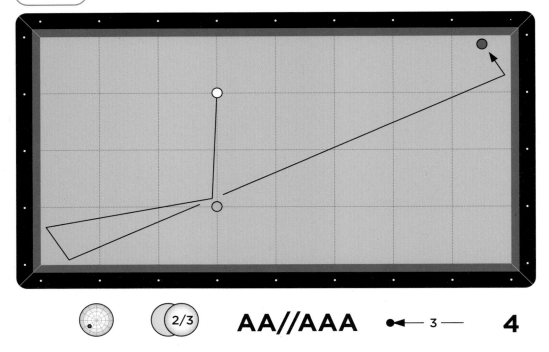

AA//AAA ●◄— 3 — 4

제1목적구를 맞히고 끌어야 하는 각도가 90도에 가깝고 내 공의 이동 거리가 멀기 때문에 두께를 두껍게 선택해야 하고 큐의 속도도 빨라야 한다.

독자들이 실제로 연습해 보면 알겠지만 제1목적구를 두껍게 맞히면서도 내 공의 속도를 잃지 않으려면 마구잡이로 대충 두껍게, 세게 치는 것이 아니라 정확한 두께와 당점을 찾아야 한다.

내 공이 너무 느리게 진행하면 당구대 중앙에서 키스가 발생할 수 있으므로 많은 연습을 통해서 키스를 피하면서 득점할 수 있는 해법을 찾아야 할 것이다.

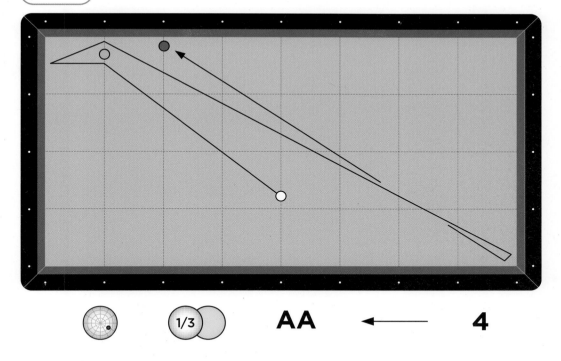

코너에 가까이 있는 목적구를 제1목적구로 선택해서 비껴 돌리기로 시도한다는 발상은 생각해 내기 어렵지만 몇 번만 연습해 보면 그리 어렵지 않다는 것을 알게 될 것이다.

내 공이 3쿠션에서 4쿠션으로 진행할 때 회전이 많아야만 위와 같은 진행이 이루어질 것으로 생각하여 처음부터 당점을 최대 회전(Maximum)으로 결정한다면 원하는 각도를 만들기 어렵다.

내 공은 무회전(No English)으로 출발하더라도 쿠션에 부딪치면서 회전이 만들어지므로 적은 회전량으로 출발해도 최대 회전의 효과를 낼 수 있다.

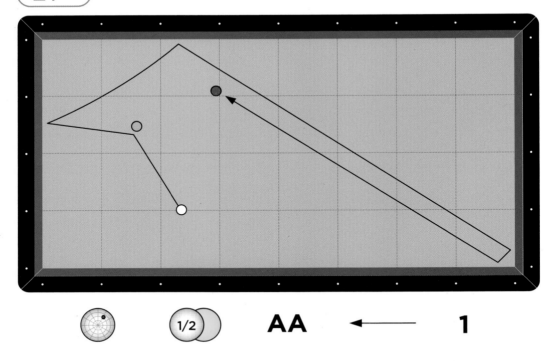

내 공이 1쿠션을 거쳐 2번째 쿠션으로 진행할 때 직선으로 깨끗하게 진행하면 득점 각도를 만들어 낼 수가 없다. 직선으로 진행하게 되면 길게 코너에 도착하기 때문에 약간은 밀리는 곡선의 진행을 만들어 주어야 득점 각도가 형성된다.

이런 곡선의 진행을 만들기 위해서는 특별한 당점이나 타법이 필요한 것이 아니다. 두께를 조금 더 두껍게 결정하면 그림과 같은 효과를 낼 수 있다.

두께가 두꺼워졌다고 너무 세게 치지 않도록 주의해야 한다.

5 : 연속 득점

비껴 돌리기 2를 시도하면서 할 수 있는 연속 득점(Position Play)을 위한 포지션 플레이는 또다시 대각선 형태의 배치를 만들지 않도록 하는 것이다. 앞 돌리기나 뒤 돌리기 형태를 만들거나 코너 근처에 위치한 제2목적구를 코너에서 떨어져 나오게 하는 것만으로도 다음 공격을 쉽게 이어갈 수 있다. 단 쿠션에 가까이 위치한 공을 제1목적구로 선택하여 비껴 돌리기를 시도할 경우에는 득점 이후에 제1목적구가 단 쿠션의 중앙에 서지 않도록 두께와 속도 조절에 신경을 써야 한다. 목적구가 단 쿠션의 중앙에 놓인 배치보다 코너에 놓인 배치가 성공률이 훨씬 높기 때문이다.

두 개의 목적구 중에 하나를 코너로 보낸다.

목적구 둘 중의 하나가 코너에 위치한다면 다른 하나의 목적구가 테이블 중앙이나 다른 위치에 있어도 연속 득점이 수월해진다.

문제 1

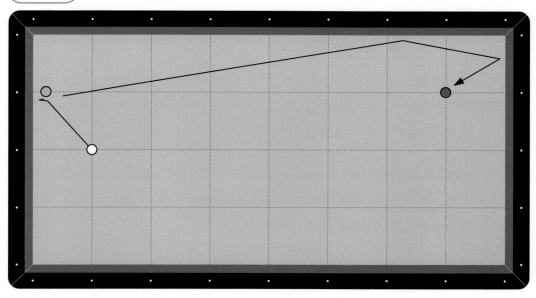

득점을 위한 두께와 당점의 조합은 다양하게 선택할 수 있다. 하지만 득점 이후에 스스로 어려움을 자초하는 배치를 만든다면 득점이 의미가 없을 것이다. 여러 가지 두께와 당점의 조합 중에서 포지션을 할 수 있는 답을 찾아보자.

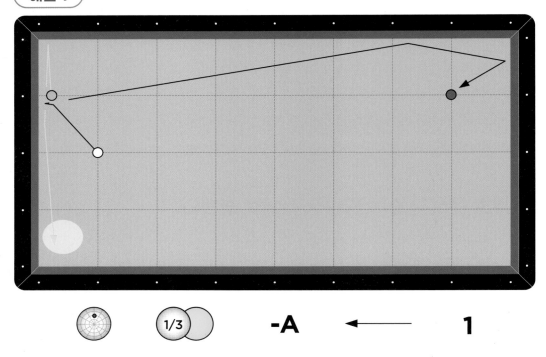

내 공이 밀릴 것 같다는 생각 때문에 짧게 끊어 치는 샷을 하면 오히려 더 밀리는 현상을 경험하게 될 것이다. 부드럽고 길게 미는 스트로크(Long Follow Stroke)를 해야만 내 공이 생각대로 진행하는 것을 경험할 수 있다.

길게 미는 스트로크(Long Follow Stroke)는 내 공의 진행 각도가 짧은 각도에서는 더 짧게, 긴 각도에서는 더 길게 진행시키는 효과가 있기 때문에 이런 샷의 효과를 알고 구사한다면 성공률을 더욱 높일 수 있을 것이다.

문제 2

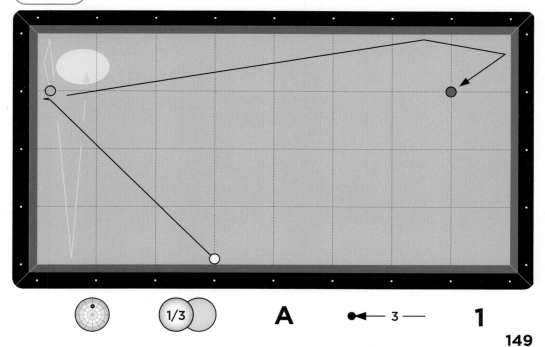

문제 1번과 비슷한 배치라고 생각할 수 있지만, 내 공이 쿠션에 가까이 붙어 있기 때문에 Stroke가 불편할 수밖에 없다. 제1목적구와 내 공의 거리도 멀기 때문에 조금은 빠르게 샷을 해야 하므로 제1목적구를 왼쪽 아래의 코너에 도착시키기가 쉽지 않을 것이다.

해법 2

부드럽게 득점할 수 있을 정도의 속도로만 샷을 하면 제1목적구는 단 쿠션의 중앙에 서게 된다. 조금은 충격을 주는 샷을 해 보자. 제1목적구가 조금 더 이동하면서 훨씬 좋은 위치에 도착하게 된다.

문제 3

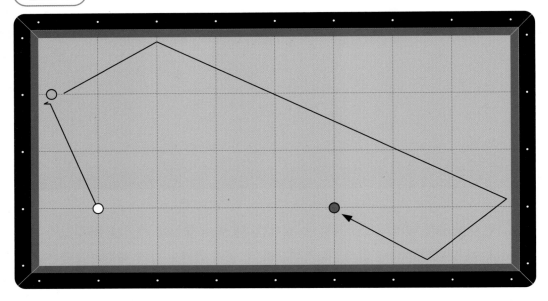

독자들은 문제 3의 해법을 어떻게 결정하였는가?

오른쪽 회전을 사용한다면 내 공이 짧게 진행하기 때문에 빠르게 샷을 하거나 당점을 내려야 한다. 앞의 비껴 돌리기 2의 공략법 Basic 1의 해법을 참고로 하기 바란다. Basic 1의 해법은 간단하지만 포지션 플레이를 하기 위한 힘 조절이 필요하다.

길게 미는 스트로크(Long Follow Stroke)를 하면 제1목적구는 3쿠션 후에 단 쿠션의 중앙에 서게 된다. 약간의 충격을 주어 샷을 해 보자. 원하는 포지션을 만들 수 있을 것이다.

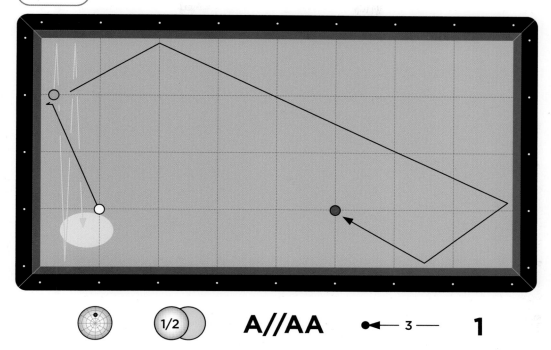

A//AA ●—— 3 —— 1

제1목적구를 장 쿠션에 도착하도록 한다.

득점 이후에 제1목적구로 선택했던 공이 장 쿠션에 가까이 도착한다면 다음 공략이 어렵지 않다.

비껴 돌리기 2를 시도할 때는 정교한 진행과 성공률 때문에 과한 속도로 시도를 하지 않는 경우가 많다. 득점 이후에 제1목적구로 선택한 공과 내 공이 멀리 놓이면서 다음 공략에서는 제1목적구로 선택했던 공이 제2목적구가 될 확률이 높으므로 성공률이 좋은 코너나 장 쿠션에 가까이 도착하도록 하는 해법을 찾아야 한다.

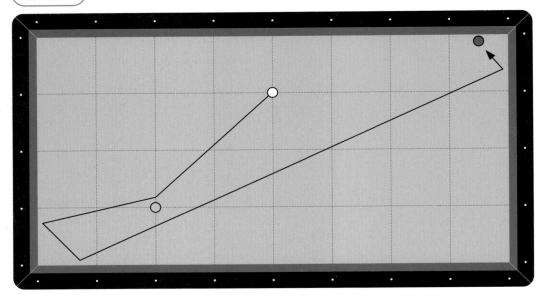

득점이 어려운 문제는 아니다. 그렇다면 제1목적구가 어디에 도착하는 것이 좋은지 생각해 보자.

제1목적구는 당구대 중앙에서 더블(장-장) 쿠션으로 진행하므로 아래쪽의 장 쿠션이나 당구대의 중앙 또는 위쪽의 장 쿠션에 도착할 것이다.

대부분의 사람들은 회전을 먼저 결정한다. 최대 9시 방향의 회전으로 두께를 1/3 정도 맞히면 득점은 할 수 있으나 제1목적구가 당구대의 중앙에 도착하게 될 것이다.

위쪽 장 쿠션에 제1목적구가 도착할 수 있도록 두께를 먼저 결정해 보자.

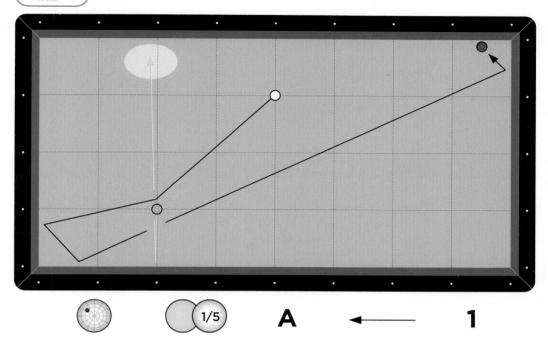

두께를 조금 얇게 1/5로 선택을 하고, 회전량을 조금만 줄여서 시도해 보자. 연속 득점을 못 하면 아쉬울 정도의 멋진 포지션이 만들어질 것이다.

문제 5

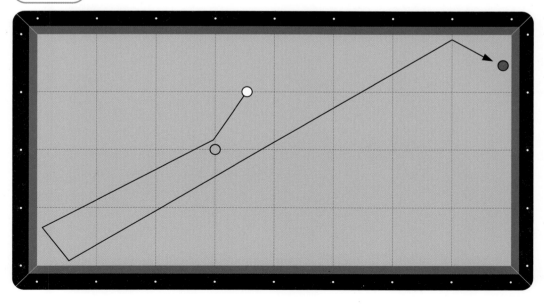

문제 5는 2가지 방법으로 포지션 플레이를 할 수 있다.

독자들도 어렵지 않게 해법을 찾을 수 있을 것이다. 하지만 답을 찾는 것이 다가 아니다. 실전에서 의심 없이 자신감 있게 성공과 함께 포지션 플레이를 하려면 많은 연습이 필요하다.

해법 5-1

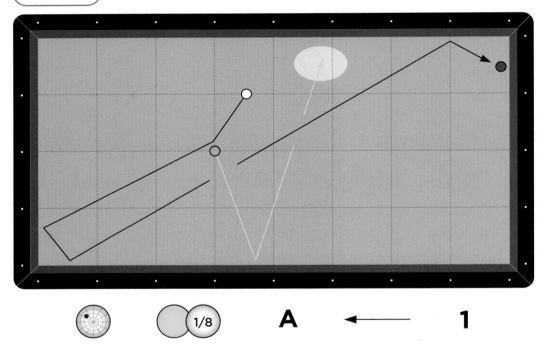

이런 배치를 위의 해법처럼 두께를 얇게 선택해서 시도해 본 경험은 거의 없을 것이다. 힘들이지 않고 완벽한 포지션을 만들 수 있는 좋은 해법이라 할 수 있겠다.

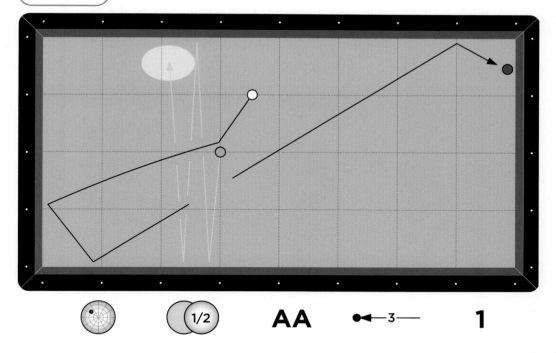

두 번째 해법은 제1목적구를 많이 움직이게 하는 방법이다. 조금 강하게 치면 제1목적구의 이동 거리가 많아진다.

문제 6

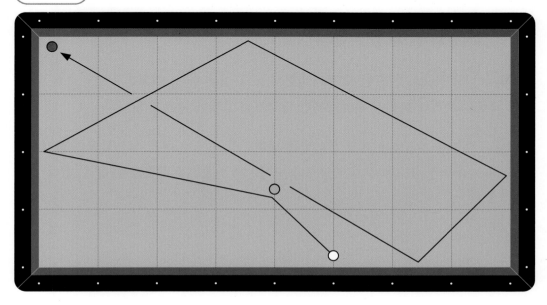

득점이 어렵지 않다면 반드시 포지션 플레이에 신경을 써야 한다. 아무 생각 없이 득점에만 연연하다 보면 경기를 어렵게 풀어 나가게 되고 발전하지도 못한다.

해법 6

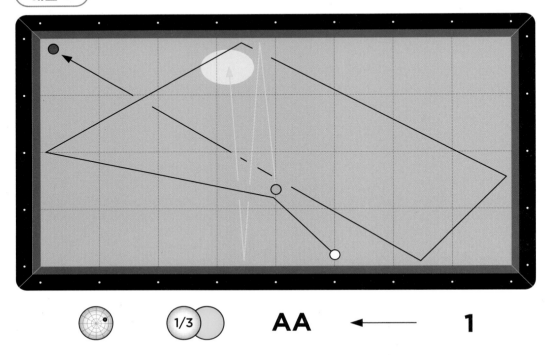

대회전으로 시도하여 득점한다고 해도 제1목적구의 움직임에 조금만 신경을 쓴다면 누구나 포지션 플레이를 할 수 있다.

독자들은 대회전으로 시도할 때 무자비한 속도로 샷을 한다. 대회전으로 시도할 때 필요한 속도는 두께에 따라서 다르겠지만 생각보다 그렇게 빠르지 않다.

더군다나 두께를 1/2보다 적게 선택하는 대회전의 속도는 생각보다 훨씬 느리기때문에 두께에 따라서 제1목적구가 어떻게 움직이는지 관찰하는 여유를 가질 수 있다.

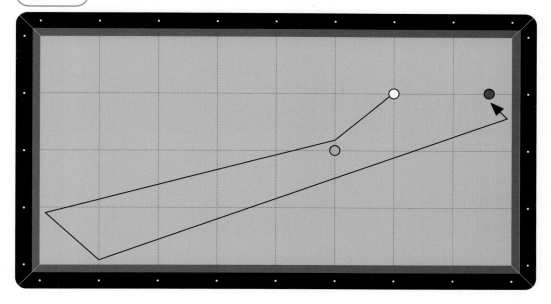

회전에 따른 각도의 변화가 정립되어 있지 않으면 시도하기가 쉽지 않은 경로이지만, 장 쿠션을 따라서 진행하는 비껴 돌리기의 진행 각도는 뒤 돌리기만큼 다양하지 않으므로 몇 가지만 연습하면 충분히 실전에서 시도할 수 있다.

해법 7

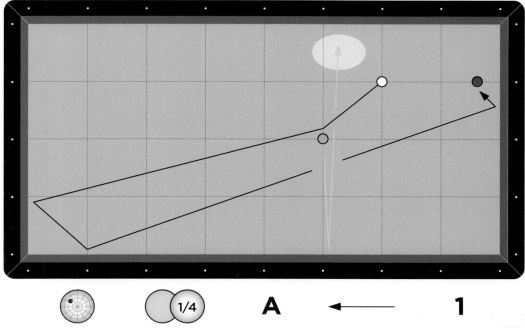

비껴 돌리기

A ← 1

1/4

최대 9시 방향의 회전, 두께 1/3 정도로 시도를 하여도 득점할 수 있으나 제1목적구는 장-장-장 쿠션으로 진행하여 또다시 비껴 돌리기를 시도해야 하는 배치가 만들어진다.

비껴 돌리기 경로도 좋은 경로이지만 기왕이면 다양한 선택을 할 수 있는 포지션을 만드는 것이 연속 득점을 위한 방법이다.

**비껴 돌리기 경로도 좋은 경로이지만
기왕이면 다양한 선택을 할 수 있는 포지션을 만드는 것이
연속 득점을 위한 방법이다.**

6 : 비껴 돌리기 2의 다양한 포지션 플레이

장 쿠션을 따라서 길게 진행하는 비껴 돌리기의 다양한 포지션 플레이를 소개한다.

포지션 플레이라는 것은 득점 우선이다. 득점 자체가 어려운 배치에서 포지션을 어떻게 할까 하는 미련한 생각을 하지 않아야 한다.

하수에게 가장 필요한 것은 기본구의 득점력이다. 득점력이 좋지 않은 사람이 포지션 플레이 연습을 한다는 것은 웃기는 일이 아닌가! 우선 공이 어떻게 놓여 있어도 해결할 수 있는 득점력을 키우고 나서 포지션 플레이 연습을 하는 것이 바람직하다.

다시 말하지만 득점할 수 있는 경로는 다양하다. 폭넓은 생각을 하고 고수들의 플레이를 눈여겨보면서 나와 얼마나 다르게 구사하는지 비교 분석하여 실력을 발전시킬 수 있도록 노력해야 한다.

여기서 소개하는 포지션 플레이는 실전에서 선수들이 구사하는 방법을 위주로 소개하는 것이므로 반드시 숙지하고, 수많은 반복연습을 통해 자신의 것으로 만들기를 바란다.

포지션 플레이에서 중요한 것은
득점이 우선이라는 것이다.
참고 동영상을 참고하세요.(1~19)

비껴 뒤 돌리기1

비껴 앞 돌리기19

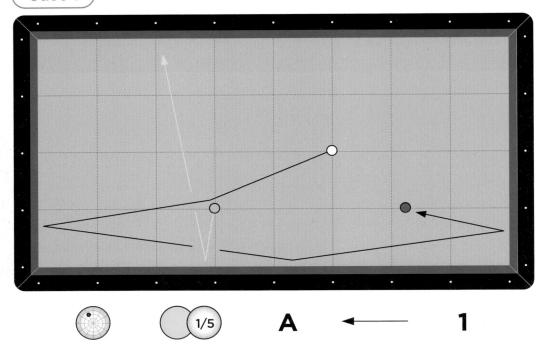

Case 1

 1/5 **A** ← **1**

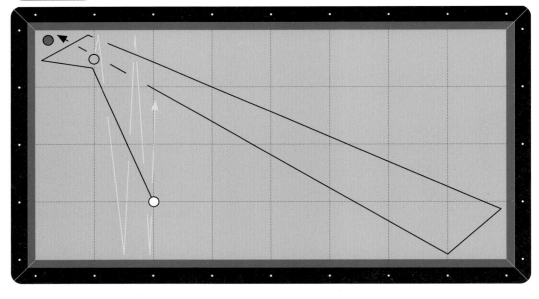

Case 2

1/2 **AA//AAA** **1**

Case 3

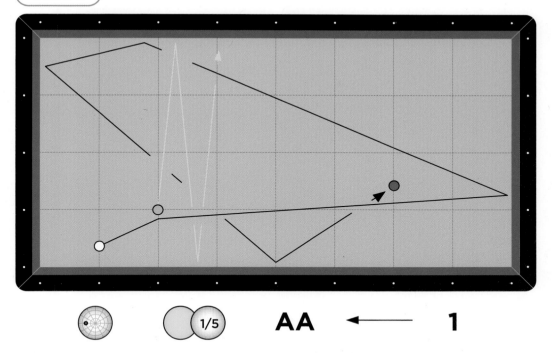

AA ← 1

Case 4

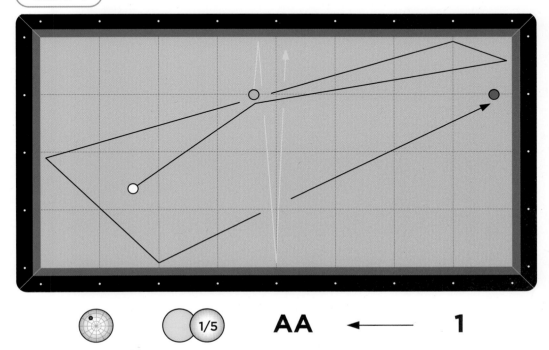

AA ← 1

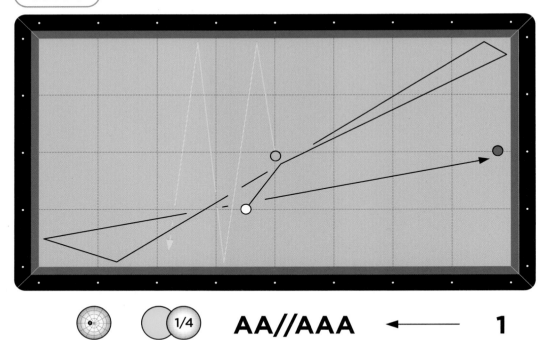

AA//AAA ⟵ 1

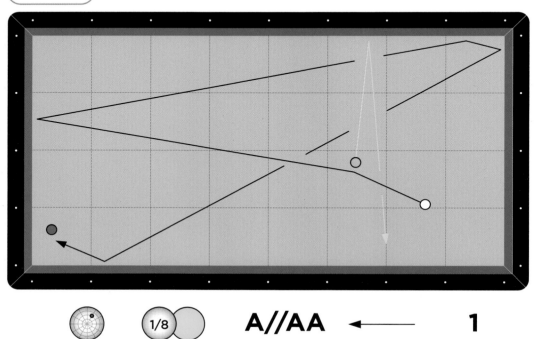

A//AA ⟵ 1

Case 7

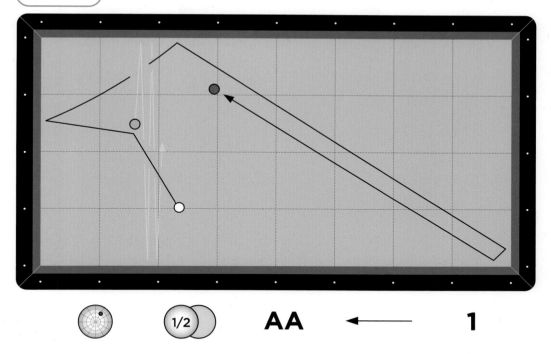

  1/2 **AA** ← 1

Case 8

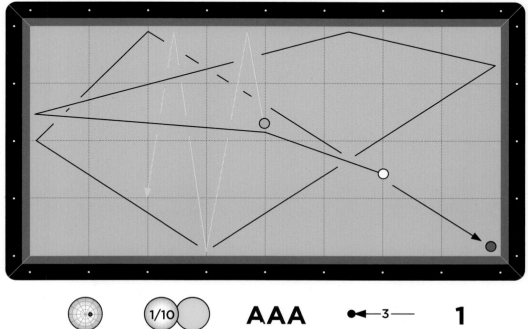

1/10 **AAA** ●←—3—— 1

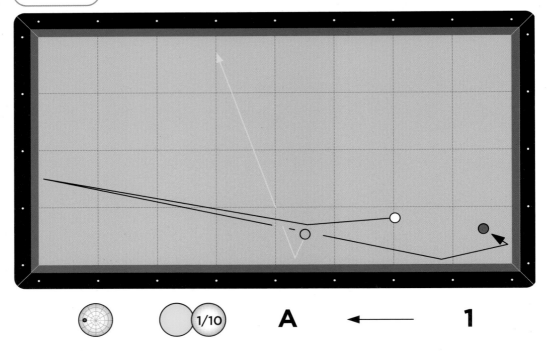

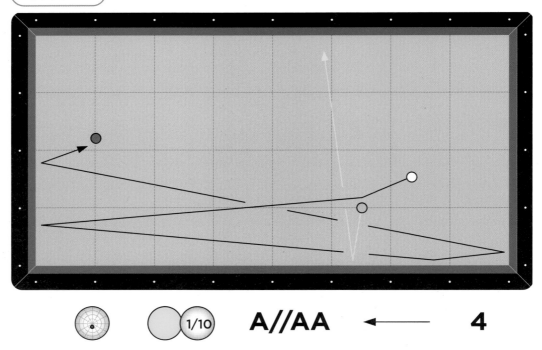

Case 11

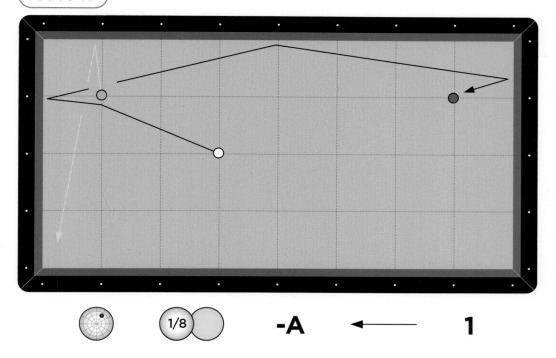

1/8   -A   ←   1

Case 12

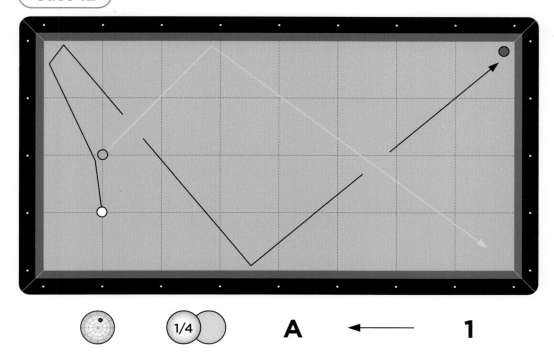

1/4   A   ←   1

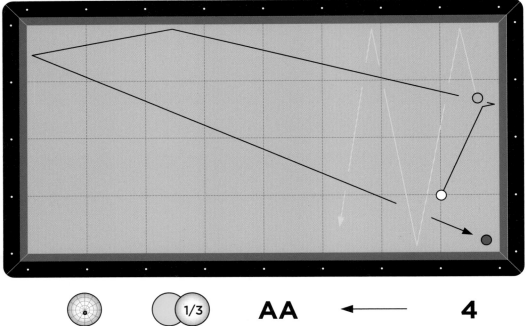

🎯　⚪⚪ 1/3　**AA**　⟵　**4**

3-CUSHION
Billiards
BIBLE

PART

VI

더블 쿠션

더블 쿠션의 경로

내 공의 출발이 장 쿠션이던 단 쿠션이던, 진행하는 과정에서 단-단 쿠션 또는, 장-장 쿠션으로 진행하는 경로를 더블 쿠션(Double Cushion)이라 말한다.

비껴 돌리기와 출발은 비슷할 수 있으나 당구대를 크게 돌면서 진행하는 경로가 아니라 장-장이나, 단-단 쿠션으로 진행하는 경로이므로 선택한 좌, 우의 회전이 진행 각도를 얼마나 변화시키는지 알고 있어야 한다.

주로 내 공이 당구대를 크게 돌면서 득점을 하기 어렵거나, 목적구 두 개가 모두 한쪽 장 쿠션이나 단 쿠션에 가까이 위치해 있을 때, 적은 회전으로 쉽게 득점을 할 수 있을 때, 그리고 난구를 해결하거나 수비를 할 때 선택하는 경로이므로 잘 익혀둔다면 실전에서 경기 운영의 미(美)를 느낄 수 있다.

같은 두께와 같은 당점이라도 타법에 따라서 내 공의 진행 경로가 크게 달라진다.

더블 쿠션의 공략법

내가 예상한 경로대로 내 공을 움직이게 하기 위해서는 완벽하게 타법에 대한 정리가 되어 있어야 한다.

단 쿠션을 따라서 진행하는 더블 쿠션은 내 공의 이동 폭이 좁을 때도 많지만 넓게 이동하면서 득점을 해야 하는 경우도 많으므로 내 공의 회전력을 정확히 알고 있어야 한다. 장 쿠션을 따라서 진행하는 더블 쿠션은 실전에서 선택하는 비율이 다른 경로에 비하여 매우 적으므로 몇 가지 유형만 소개하도록 하겠다.

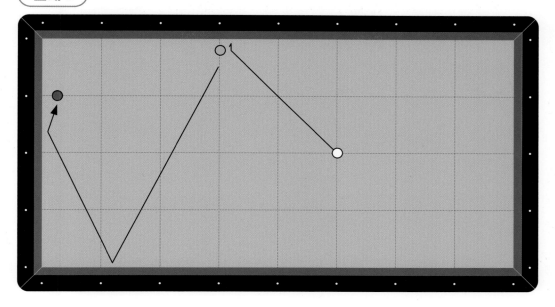

장-장-단 쿠션으로 진행하는 더블 쿠션 경로의 대표적인 배치라고 할 수 있다.

비껴 돌리기처럼 제1목적구의 앞부분을 맞히고, 내 공의 회전을 조절하여 득점하는 방법으로, 비껴 돌리기와 마찬가지로 두께와 회전량에 따른 진행 각도를 알고 있어야 시도할 수 있다.

빠르게 스트로크를 하여 횡단(장-장-장…)으로 진행하도록 시도를 해도 득점에는 무리가 없으나 제1목적구가 장 쿠션을 따라서 진행하도록 두께를 결정하고, 이에 따른 회전을 선택하여 부드럽게 시도해 보자.

연속 득점을 할 수 있는 포지션을 만들 수 있으므로 이 정도의 기본 배치는 언제든지 성공할 수 있도록 충분히 연습이 되어 있어야 한다.

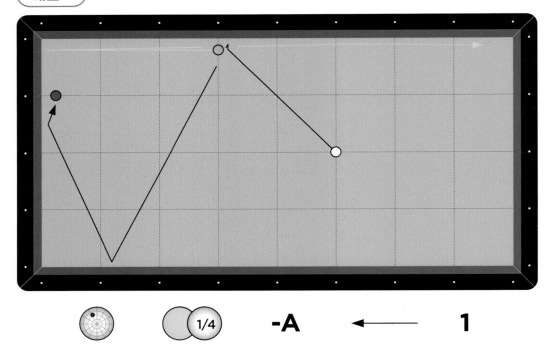

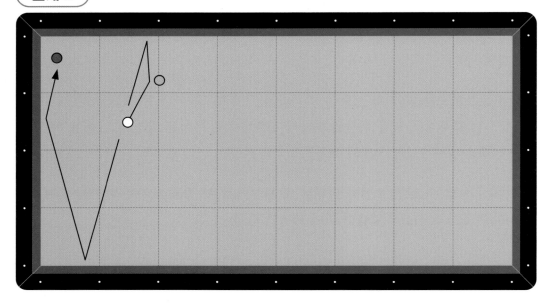

4구 경기를 할 때 회전을 조절하여 1쿠션으로 득점하는 방법을 기억하고 있다면 이 또한 어렵지 않은 경로이다.

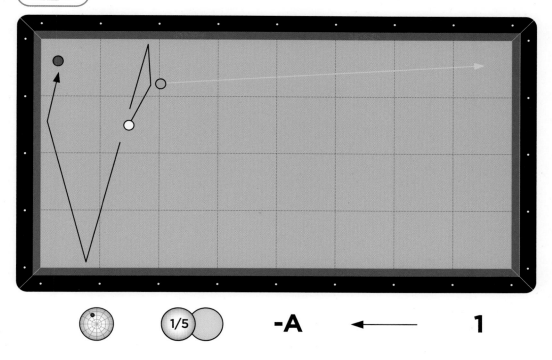

해법 2

두께를 1/2, 12시 회전으로 시도해도 득점을 할 수 있으나 다음 포지션이 어려워진다.

3쿠션 경기만 즐기다 보면 4구 경기를 할 때 사용하던 당구의 기초기술 잊게 된다. 오 래전 필자가 동네 선배에게 3쿠션을 가르쳐달라고 했을 때 그 선배의 말은 '4구 조금 세게 치면 3 쿠션 되잖아!'라는 말뿐이었다. 독자들은 3쿠션을 너무 어렵게 대하는 경 향이 있다. 제1목적구를 맞히고 내가 원하는 1번째 쿠션, 제1목적구가 1쿠션에 가까이 놓여 있다면 2번째 쿠션에 정확히 도착시키는 것이 3쿠션의 시작과 끝이 아닌가?

3쿠션의 정교함은 4구에서 시작된다는 것을 명심해야 한다.

171

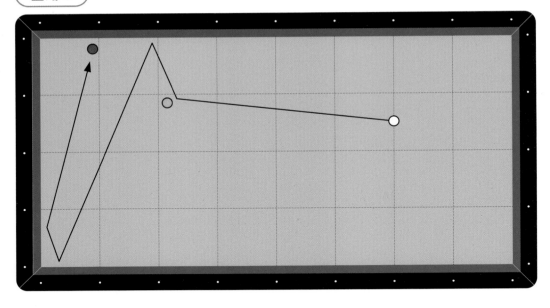

하단 당점을 선택해서 시도하는 더블 쿠션의 기본 배치라 하겠다. 이 배치는 중단이나 상단에서 아무리 역회전을 많이 선택해도 내 공이 밀리게 된다.

해법 3

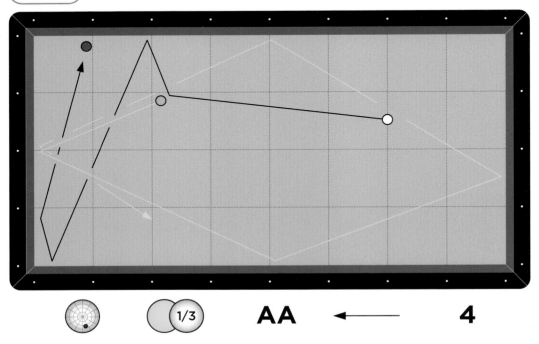

아마도 독자 중에는 중단이나 상단에서 역회전을 최대로 결정하고 빠르게 샷을 하면 성공하지 않을까 하고 생각하는 사람도 있을 것이다.

순방향의 회전이나 역방향의 회전은 필요에 따라 결정되어야 한다. 무리하게 내 공을 끌었다가 다시 전진하도록 설계하면 엄청나게 빠르게 샷을 해야 하므로 두께와 당점의 정확성이 많이 떨어질 뿐 아니라 에너지의 손실도 클 수밖에 없다.

우선, 두께를 1/3로 정하고, 내 공이 밀리지 않도록 당점을 6시 방향으로 내린 후에 2번째 쿠션에서 순조롭게 진행할 수 있도록 5시 30분으로 옮겨서 설정해 보자. 내가 선택한 회전이 제1목적구에 도착하기 전에 당구대 바닥에서 소멸되지 않도록 조금은 빠르게 샷을 해야 한다.

사람들은 당점을 결정할 때 진행 방향의 당점을 먼저 선택한다. 물론 좌, 우의 회전이 최대로 발생해야 각도를 만들어낼 수 있을 때는 그렇게 하겠지만 그렇지 않은 경우는 상, 하의 당점이 우선적으로 선택되어야 한다.

내 공은 하단 당점을 선택해도 무조건 전진한다. 목적구에 맞거나 쿠션에 맞아야만 하단 회전의 효과가 나기 시작하기 때문에 전진하지 못하도록 제어해 주는 하단 당점의 연습이 절실히 필요하다.

하단의 회전은 회전량과 속도에 따라서 민감하게 반응을 보이며 쿠션에 맞고 난 후의 각도도 다양하게 형성된다.

순방향의 회전이나 역방향의 회전은 필요에 따라 결정되어야 한다.

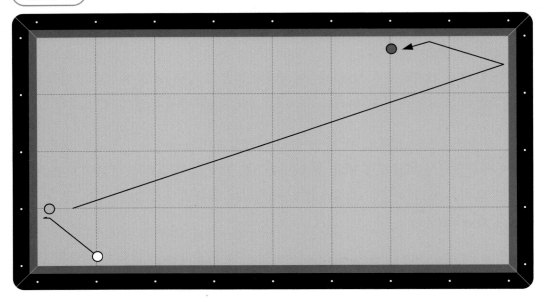

이번에는 장 쿠션을 따라서 길게 진행하는 더블 쿠션으로 실전에서 많이 접하게 되는 배치이나 성공률이 그다지 높지 않을 것이다.

앞에서 말한 것처럼 같은 두께와 당점이라도 타법에 따라서 내 공의 진행 경로가 다르기 때문이다. 짧게 때리는 듯한 타법으로 시도를 하면 순간적으로 상단 회전이 극대화되어 내 공이 라운드(Round)를 그리면서 진행하게 된다. 충격을 최소화하면서 부드럽게 밀어서 샷을 하면 내 공이 직선으로 진행하는 모습을 볼 수 있다.

어떤 방법이 성공률을 높일 수 있는지 독자들은 연습을 통하여 판단해야 할 것이다.

성공률이 높다면 포지션을 할 수 있는 해법을 찾아보자. 당구대의 상태가 다르겠지만 독자들이 찾아낸 해법과 필자가 소개하는 해법이 얼마나 차이가 있는지 비교해 보자.

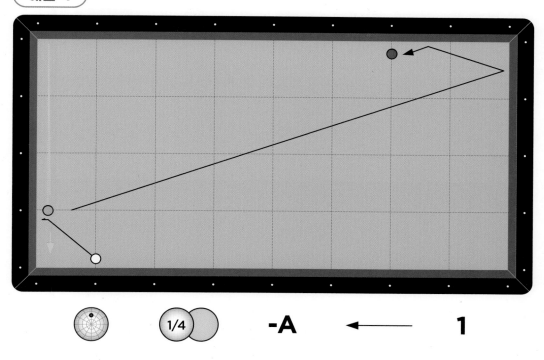

득점할 수 있을 정도의 느린 속도로 부드럽게 밀면서 시도해 보자. 위의 해법이라면 제1목적구가 코너에 도착하면서 연속 득점이 쉬운 배치가 만들어질 것이다.

문제 5

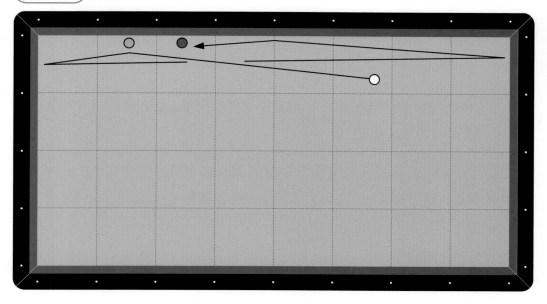

목적구 두 개가 모두 장 쿠션에 거의 붙어 있다. 붙어 있는 목적구를 맞히면 키스가 가장 먼저 걱정이 되겠지만 두께 1/8 이하는 키스의 느낌 없이 내 공을 진행시킬 수 있다.

상당히 어려운 문제이기는 하나 이런 해법도 있다는 것을 알고 있다는 것만으로도 경로를 찾는 시야가 넓어질 것이다.

해법 5

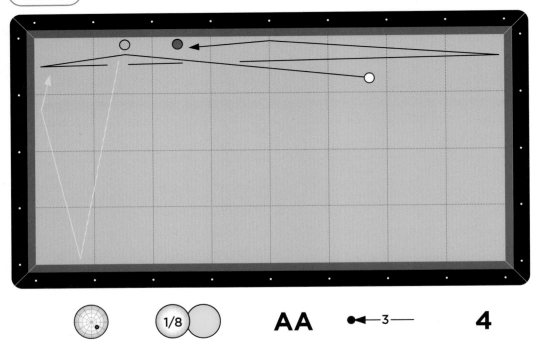

상단이나 하단 당점 모두 성공할 수는 있으나 필자의 경험으로는 하단 당점이 조금 더 각도를 형성하기가 유리하다.

속도가 너무 느리면 두 번째 쿠션에서 장 쿠션 쪽으로 꺾이는 힘이 약하므로, 대회전을 진행시킬 수 있는 속도로 시도하는 것이 성공률을 높일 수 있는 팁(Tip)이라 하겠다.

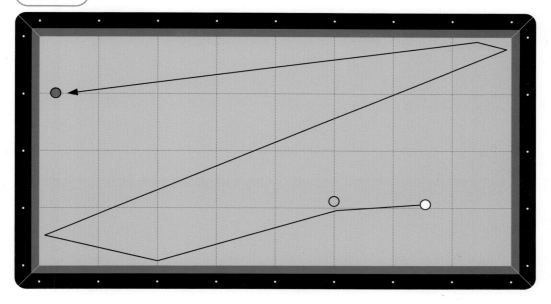

이번 문제도 실전에서 많이 선택하는 경로이다. 노란 공의 왼쪽을 맞히면서 회전량을 조절하여 대회전으로 시도할 수 있으나 내 공이 거의 도착할 때 노란 공과 내 공의 키스 위험이 있으므로 이런 위험을 아는 사람들은 좌, 우 회전을 사용하지 않고 그림처럼 더블 쿠션으로 시도를 한다.

해법 6

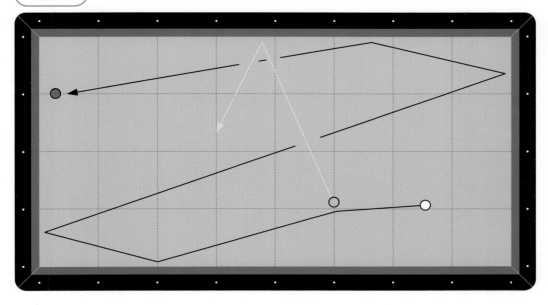

제1목적구와 내 공의 거리가 가깝기 때문에 얇은 두께를 맞히는 것이 어렵지 않을 것이다. 이동 거리가 많다고 해서 강하게 때리지 말고 부드럽게 밀면서 시도하도록 하자.

문제 7

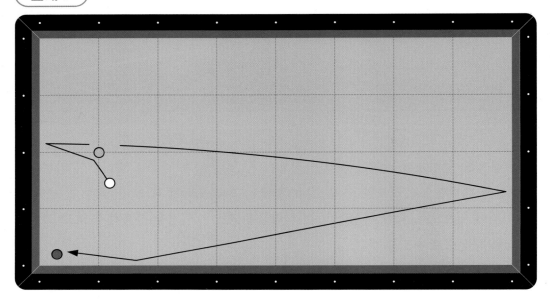

마땅한 경로가 보이지 않는 문제다.

제1목적구와 내 공의 거리가 가깝기 때문에 조금만 두꺼워도 내 공이 엄청나게 끌리는 현상을 보게 될 것이다.

1쿠션을 맞은 후, 2번째 쿠션으로 진행하는 중간에 커브를 그리면서 득점할 수 있는 각도를 만들어야 한다. 이동 거리가 길다고 생각하여 강하게 때리지 말고 부드럽게 밀면서 시도해 보자.

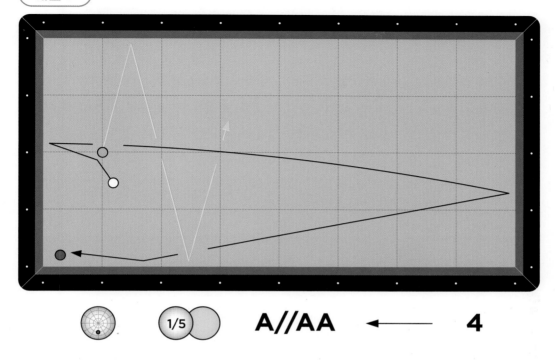

A//AA ◄——— **4**

내 공을 끌려고 손동작을 하지 않도록 한다. 내 공을 끌리게 하는 것은 특별한 타법이 아니라 당점이다. 내가 선택한 당점이 끌리는 효과를 낸다는 것을 기억하자.

문제 8

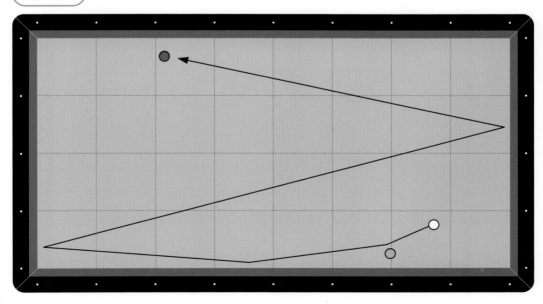

179

문제 8은 실전에서 많이 선택하고 시도하는 경로이지만 성공률이 그다지 높지 않을 것이다.

내 공의 이동 거리가 멀다고 해서 빠르게 샷을 할수록 짧게 진행하는 경험을 하게 될 것이다. 무회전(No English)으로 출발하여도 쿠션에 부딪히면 회전이 발생한다. 1쿠션에서 발생한 회전이 2번째 쿠션에 도달하기 전에 소멸될 수 있도록 천천히 부드럽게 시도해 보자. 생각보다 느리게 시도하여도 충분히 이동할 수 있고 내가 결정한 당점이 확실하게 작용하는 것을 알 수 있다.

해법 8

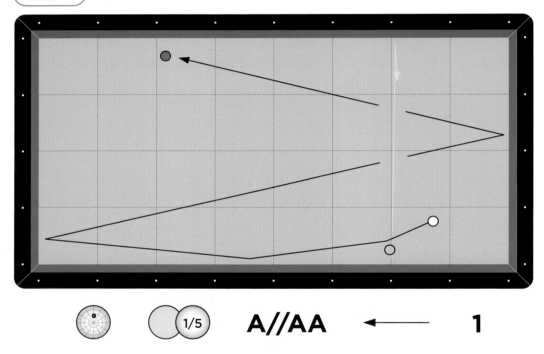

타법과 속도가 어려울 수 있다. 당점을 끝까지 직선으로 찔러주면서도 부드럽고 길게 밀어주는 스트로크(Long Follow Stroke)를 해야 당점의 효과를 느낄 수 있을 것이다. 득점할 수 있을 정도의 속도가 어느 정도인지 팔의 감각만으로 표현되어야 한다.

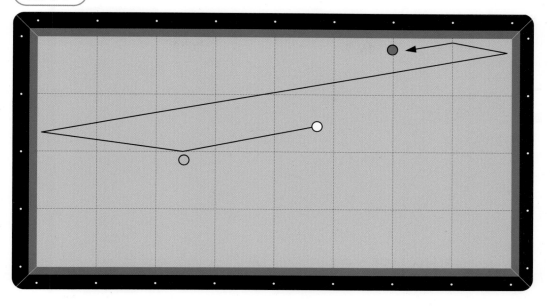

실전에서 가끔 어쩔 수 없이 시도할 때가 있다. 제1목적구와 내 공의 거리가 멀어서 두께에 대한 정확성이 필요하다. 좌, 우 회전을 사용하지 않는 무회전(No English)으로 시도하여 각도의 변화를 최소화해야 성공률이 높아질 것이다.

해법 9

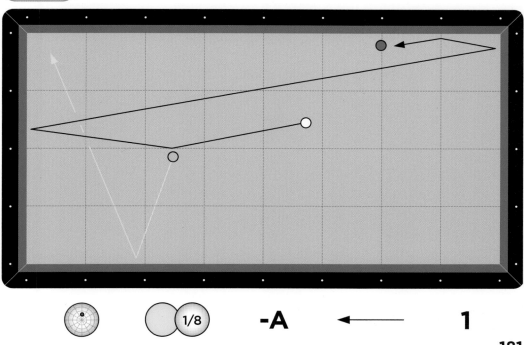

1/8   -A   ←   1

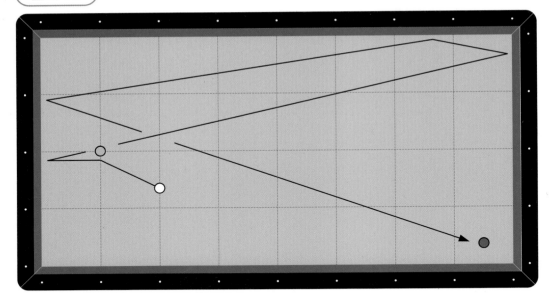

실전에서 2바퀴 대회전으로 시도하려다 실수로 위의 진행처럼 득점이 되는 경험을 해 본 적이 있을 것이다.

실제로 반복연습을 해 보면 단-단-장 쿠션으로 진행하는 더블 쿠션 경로가 대회전보다는 힘도 덜 들고 성공률이 더 높다는 것을 알 수 있을 것이다.

타법이나 진행 방향의 회전량에 따라서 각도가 조금씩 달라지므로 반복연습을 하면서 원하는 각도를 만들어 낼 수 있는 자신만의 해법을 찾아야 한다.

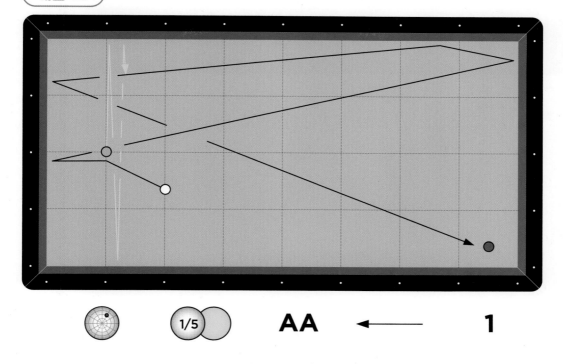

1/5 AA ← 1

두께와 당점을 설정한 후에 많은 거리를 이동시키려고 거칠게 때리는 샷을 한다면 원하지 않는 커브가 발생한다.

길고 부드럽게 뻗는 샷을 하면 원하는 경로로 진행을 하기도 하지만 생각보다 적은 힘으로 많은 거리를 이동하는 것을 볼 수 있다.

길게 미는 스트로크(Long Follow Stroke)는 특별한 손기술을 쓰지 않아도 두께에 의한 자연스러운 분리각을 형성하면 득점할 수 있는 배치에서 사용된다. 흔히 말하는 기본구를 처리할 때 이런 샷을 사용하게 되는데 이동 거리가 많다고 마지막 샷을 할 때 충격량이 많아지면 길게 미는 스트로크(Long Follow Stroke)의 효과를 낼 수 없다.

2 : 더블 쿠션의 다양한 배치

더블 쿠션은 실전에서 다양한 형태로 아주 많이 접하게 된다.

주로 상대방의 수비에 당했을 때 받게 되는 배치이므로 다양한 배치를 많이 경험하는 것이 중요하다. 자신이 찾아낸 답과 뒤에 나오는 해법을 비교하면서 어떤 방법이 효과적인지 비교하고 판단해 보자.

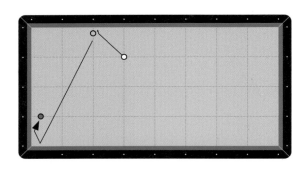

두께 :
당점 :
타법 :
속도 :
큐 기울기 :

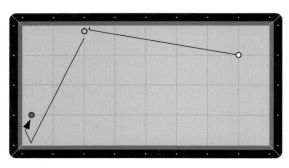

두께 :
당점 :
타법 :
속도 :
큐 기울기 :

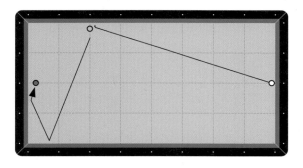

두께 :
당점 :
타법 :
속도 :
큐 기울기 :

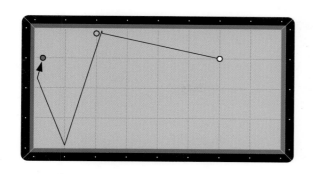

두께 :

당점 :

타법 :

속도 :

큐 기울기 :

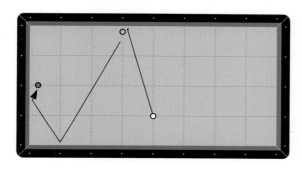

두께 :

당점 :

타법 :

속도 :

큐 기울기 :

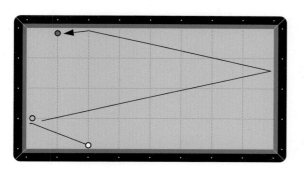

두께 :

당점 :

타법 :

속도 :

큐 기울기 :

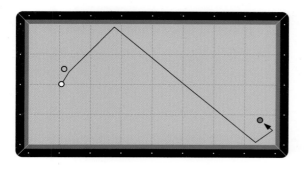

두께 :

당점 :

타법 :

속도 :

큐 기울기 :

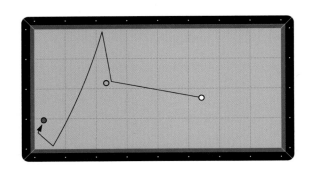

두께 :

당점 :

타법 :

속도 :

큐 기울기 :

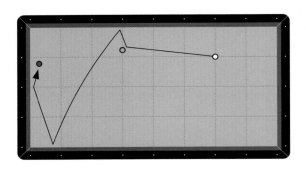

두께 :

당점 :

타법 :

속도 :

큐 기울기 :

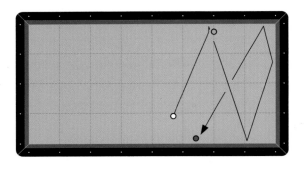

두께 :

당점 :

타법 :

속도 :

큐 기울기 :

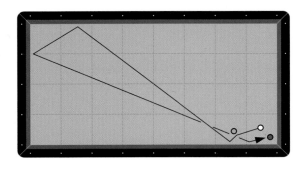

두께 :

당점 :

타법 :

속도 :

큐 기울기 :

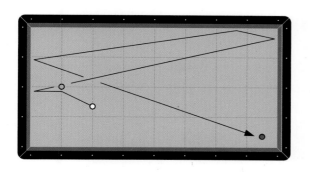

두께 :

당점 :

타법 :

속도 :

큐 기울기 :

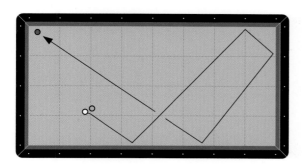

두께 :

당점 :

타법 :

속도 :

큐 기울기 :

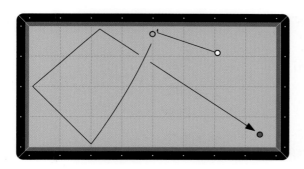

두께 :

당점 :

타법 :

속도 :

큐 기울기 :

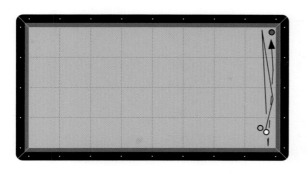

두께 :

당점 :

타법 :

속도 :

큐 기울기 :

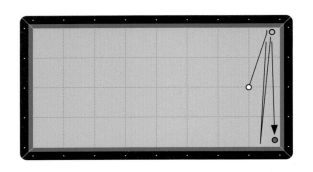

두께 :

당점 :

타법 :

속도 :

큐 기울기 :

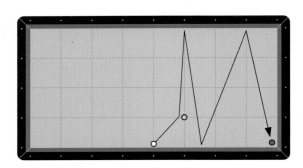

두께 :

당점 :

타법 :

속도 :

큐 기울기 :

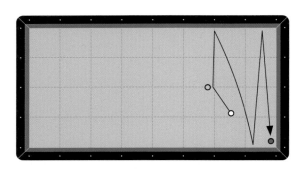

두께 :

당점 :

타법 :

속도 :

큐 기울기 :

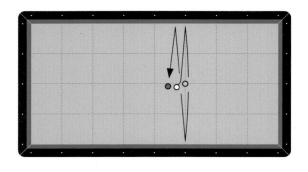

두께 :

당점 :

타법 :

속도 :

큐 기울기 :

3 : 키스 피하기

더블 쿠션을 시도할 때의 키스는 단순할 정도로 쉽게 보인다.

포켓 경기에서 제1목적구를 포켓에 넣는다는 생각으로 두께를 먼저 선택한다면 제1목적구가 제2목적구를 맞히는 키스를 피하는 것은 그리 어렵지 않으나 두께에 따라서 제1목적구가 어느 방향으로 진행하는지 관심을 갖지 않았던 사람들은 키스에 대한 부담을 느낄 수밖에 없다.

이런 감각은 포켓 경기를 많이 경험한다면 금방 실력을 쌓을 수 있으므로 두께 연습을 한다고 생각하고 포켓 경기를 많이 하기 바란다.

내 공이 1쿠션에 맞고 제1목적구와 바로 키스가 발생하는 경우가 있는데 이런 경우는 배치에 따라서 키스를 피할 수도 있고 키스를 피하지 못할 수도 있으므로 도면을 통하여 설명하도록 하겠다.

키스 배치도 1

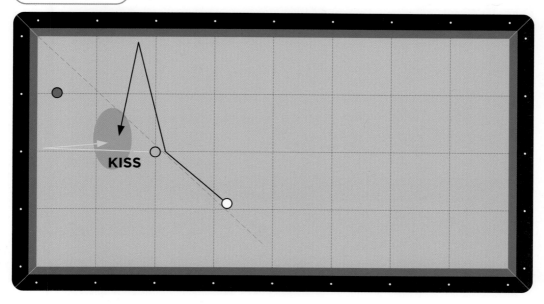

코너와 제1목적구의 오른쪽 면, 내 공의 왼쪽 면이 직선을 이루고 있는 배치에서 무회전(No English)으로 시도하려 한다면 키스를 걱정해야 한다.

코너-제1목적구-내 공이 온전히 직선으로 놓인 배치는 키스의 걱정 없이 시도할 수 있지만, 도면처럼 내 공의 위치에서 코너가 보일 듯 말 듯 한 배치는 키스의 위험이 매우 크다.

이런 특정한 배치는 반드시 해법을 외우고 있어야 같은 실수를 반복하지 않을 수 있다.

두께를 1/4 정도로 선택하고 하단의 7시 방향으로 때리는 듯한 샷을 하지 말고 밀면서 샷을 해 보자. 그렇게 빠르게 샷을 하지 않아도 안전하게 내 공이 진행하면서 득점이 되는 모습을 볼 수 있을 것이다.

진행 방향의 좌회전을 선택한다는 것이 낯설고 위험하다고 생각할 수 있다. 독자들이 직접 시도해 보면 당연하고 자연스럽다는 것을 느낄 것이다.

키스 피하기 1

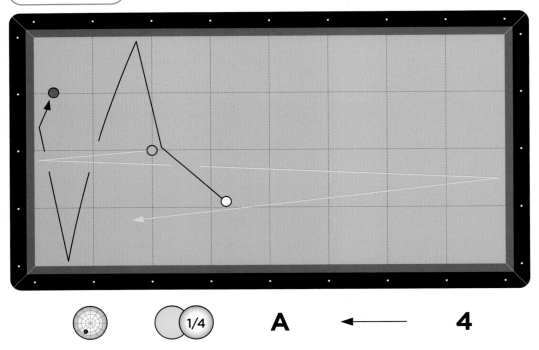

190

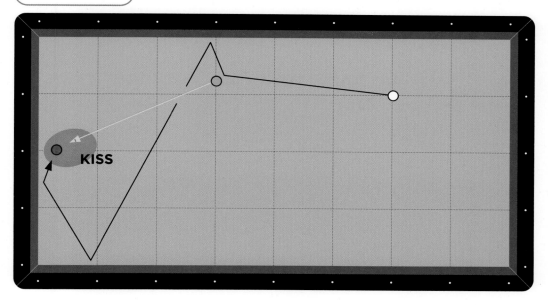

이번에는 내 공의 진행만 생각하다가 키스를 피하지 못하는 경우다.

하지만 키스를 피해야 한다는 생각이 있어도 내가 결정한 당점과 두께에 대한 믿음이 바뀌지 않으면 키스가 발생한다는 것을 알면서도 피하지 못하는 경험을 하게 될 것이다.

다시 말하지만 독자들이 포지션 플레이나 키스를 피하지 못하는 첫 번째 이유는 당점을 먼저 결정하기 때문이다.

제1목적구가 제2목적구를 맞히지 않도록 두께를 먼저 결정해 보자. 그 이후에 득점 각도를 만들기 위한 당점을 선택한다면 키스를 충분히 피할 수 있고, 이런 훈련이 반복되고 습관이 된다면 계산법에 의존하는 당구가 아니라 감각적인 당구를 구사할 수 있게 된다.

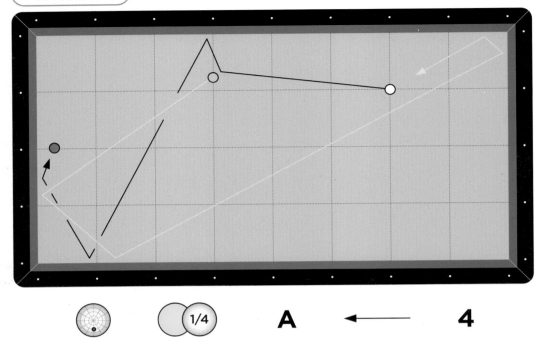

두께를 1/4로 선택하면 키스를 안전하게 피할 수 있고, 6시 방향의 최하 당점으로 부드럽고 길게 미는 스트로크(Long Follow Stroke)를 하면 득점 각도를 만들 수 있다.

키스 배치도 3

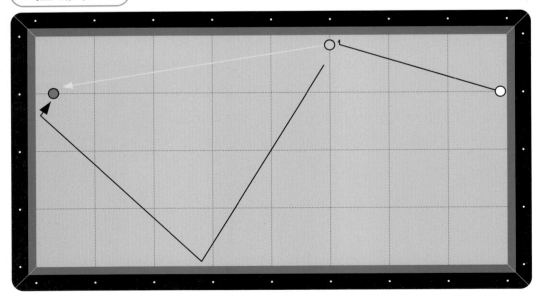

이번 키스 배치 또한 제1목적구가 제2목적구를 맞히는 키스를 걱정해야 하는 문제이다.

두께를 2/3로 선택하면 제1목적구가 장 쿠션을 따라서 이동하면서 키스를 피할 수 있지만, 이렇게 두꺼운 두께로 시도하면 내 공의 진행 속도도 느려질 뿐만 아니라 많이 밀리기 때문에 득점하기가 매우 어려워진다.

쿠션이 먼저 맞지 않도록 제1목적구의 두께를 얇게 선택해서 시도하는 방법을 생각해 보자.

키스 피하기 3

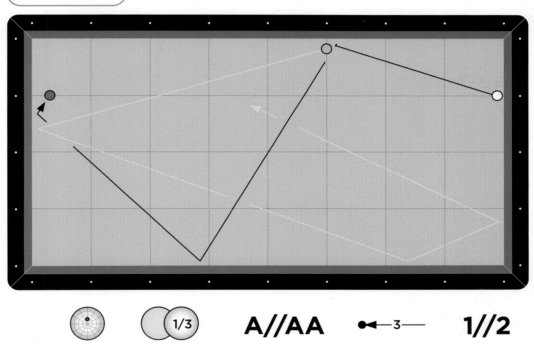

제1목적구가 쿠션에서 조금 떨어져 있으므로 두께를 1/3로 선택할 수 있다. 이 정도의 두께는 키스를 피하면서 내 공의 진행 속도도 자연스럽게 만들 수 있으므로 바람직한 두께 선택이라 할 수 있겠다.

큐를 수평으로 유지하면서 위의 당점으로 시도하면 내 공이 굉장히 많이 밀리므로 뒤를 살짝 들어서 샷을 하도록 한다.

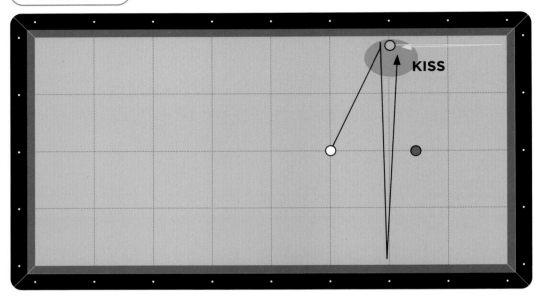

독자들은 내 공이 장-장-장 쿠션으로 횡단하는 경로를 시도할 때 이러한 키스를 경험한 기억이 있을 것이다.

단순히 재수가 없어서 키스가 발생하는 것이 아니라 특정 위치에서 그 두께와 당점이 키스를 유발하게 되는 것이다.

두께 1/10, 12시 당점으로 시도하면 거의 완벽에 가까울 정도로 키스를 피할 수 없다.

위의 배치 이외에도 연습이나 실전을 통하여 키스가 발생하는 특정한 배치를 기억해 두고 해법을 찾는 시간을 갖도록 해야 한다.

키스 피하기 4

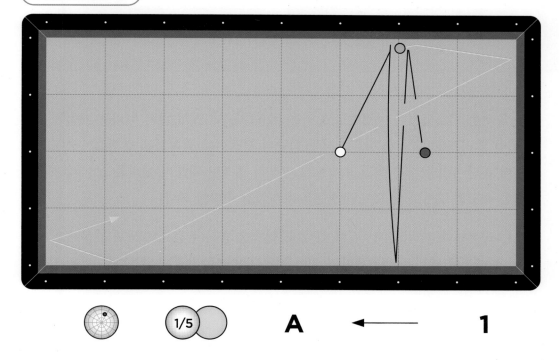

두께를 조금 여유 있게 1/8 정도로 선택하고 진행 방향의 회전을 약하게 결정해 보자.

내 공이 조금 뒤로 물러났다가 전진하는 사이에 제1목적구가 빠져나가면서 키스를 피하고 안전하게 득점이 이루어질 것이다.

어떻게 해도 키스를 피할 수 없는 배치도 있지만 제1목적구가 움직일 수 있는 공간이 있고 두께를 조절할 수 있는 여유가 있는 배치는 두께와 당점의 조합을 바꾸는 것만으로도 키스를 피할 수 있다.

다만 키스를 피하고 득점을 해야 하는 문제의 배치를 해법까지 완벽하게 외우고 있어야만 실전에서 선택할 수 있으므로 어쩌다가 성공한 것을 실력이라고 착각하지 않아야 한다.

4 : 난구

더블 쿠션을 시도하면서 어렵다고 느끼는 배치들은 내 공이 많이 밀리는 배치들이다. 내 공이 밀리지 않도록 하기 위해서는 하단의 당점이나 역회전을 선택해서 시도해야 하는데 하단 당점이나 역회전은 속도에 따라서 엄청난 각도의 변화를 보이기 때문에 적절한 속도를 구사할 줄 모르면 성공률이 떨어질 수밖에 없다.

속도는 공부한다고 익혀지는 것이 아니다. 연습을 통하여 몸으로 느끼고 몸으로 외워야 하기 때문에 머리로 이해했다고 해서 성공률이 높아지지는 않는다는 것을 알아야 한다.

또한, 빠른 속도로 샷을 할 때는 같은 두께와 당점이라 해도 분리각이 달라지므로 속도에 따른 두께를 설정하는 연습도 겸해야 한다.

연습량에 따라서 난구(難球)가 기본구로 바뀐다는 말을 명심하길 바란다. 연습 부족으로 자신이 없다고 해서 수비만을 생각한다면 그 배치는 영원히 성공할 수 없는 문제로 남을 것이다.

**속도는 공부한다고
익혀지는 것이 아니다.**

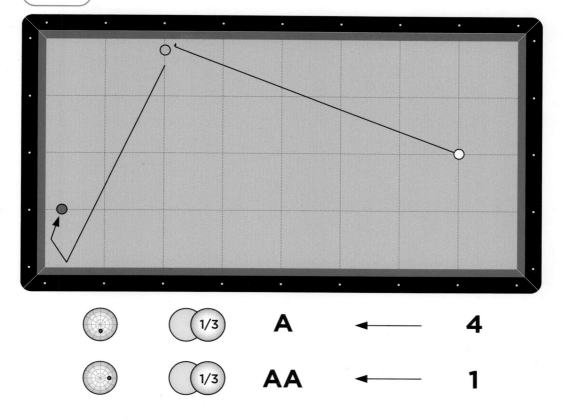

	1/3	**A**	←	**4**
	1/3	**AA**	←	**1**

위의 문제는 밀리는 힘이 많이 작용하기 때문에 내 공을 천천히 진행시키면서 득점하기가 매우 어렵다.

내 공이 밀리지 않도록 하기 위해서는 역회전이나 하단의 당점을 선택해야 하는데, 역회전이나 하단의 당점은 속도에 따라서 민감하게 각도가 달라지므로 두께와 당점만 알고 있다고 성공할 수 있는 것이 아님을 알아야 한다.

같은 배치이지만 여러 가지 해법을 찾을 수 있다. 위의 두 가지 해법을 모두 연습하면서 어떤 방법이 성공률이 높고 포지션 플레이가 가능한지 판단해 보자.

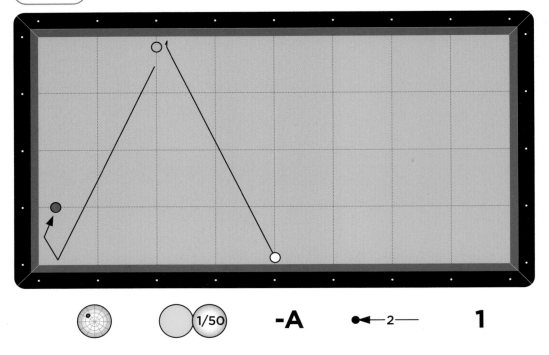

내 공이 쿠션에 붙어 있으면 자세와 스트로크가 불편하기 때문에 어떤 경로도 성공하기 쉽지 않을 것이다.

이러한 문제를 부담스럽지 않게 실전에서 해결하기 위해서는 많은 경험만이 해법일 것이다. 혼자서 연습하다가 내 공이 쿠션에 붙으면 편안하게 떼어 놓고 연습하지 말아야 한다. 집중해서 한 번에 성공할 수 있도록 반복해서 연습해야 한다.

내 공이 쿠션에 붙어 있을 때는 큐를 길게 뻗어서 샷을 하는 것보다는 짧고 간결하게 샷을 하는 것이 두께의 정확성을 높일 수 있다. 내 공과 제1목적구가 맞는 순간의 두께를 끝까지 관찰하는 습관을 들이자.

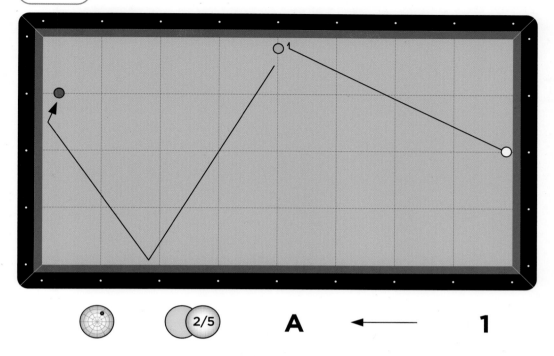

이번 문제도 내 공이 쿠션에 붙어 있어서 큐걸이가 불편하고 스트로크도 자연스럽지 못하기 때문에 어렵게 느끼는 배치이다. 더군다나 내 공과 제1목적구와의 각도가 많이 밀릴 수밖에 없는 형태로 놓여 있기 때문에 두께에 따른 당점의 선택이 매우 중요하다.

독자들 중에 대부분은 이런 상황이면 매우 세게 때려서 시도하겠지만 조금만 신경을 써서 두께와 당점의 조합을 찾는다면 안정된 성공률을 기록할 수 있는 해법을 찾을 수 있을 것이다.

포지션 플레이를 위해 제1목적구가 장 쿠션을 따라서 진행하도록 두께를 1/2로 선택하면 역회전을 사용해도 내 공이 밀리는 모습을 보게 될 것이다.

두께를 2/5 정도로 결정하면 내 공의 진행 속도도 빨라지고 역회전의 효과를 살릴 수 있다. 제1목적구가 장 쿠션에서 조금 떨어지더라도 다음 포지션이 나쁘지 않을 것이다.

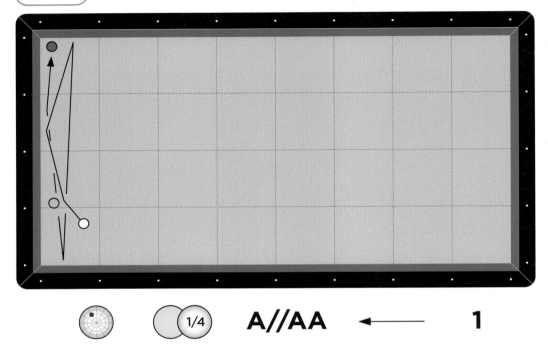

A//AA ← 1

1쿠션 이후에 장-장-단 쿠션으로 진행하는 더블 쿠션의 문제이다.

도면의 그림만 보면 굉장히 어려워 보일 수 있으나 해법을 알고 나면 생각보다 쉽다는 것을 느낄 것이다. 왼쪽 회전의 양과 속도에 따라서 내 공의 진행 모습이 달라질 것이다.

빠르게 샷을 하여도 성공할 수 있으나 두께와 당점에 따라서 어떤 효과가 나타나는지 관찰하기 위해서는 차분하게 시도해야 할 것이다.

좁은 공간에서 어렵지 않게 득점을 할 수 있으므로 연습을 통하여 성공률이 높아진다면 포지션을 생각해 보자.

제1목적구가 장 쿠션을 따라서 진행하기 때문에 두께를 바꾸어도 제1목적구를 원하는 다른 위치로 보낼 수 없으므로, 득점 후에 제2목적구가 코너에서 나오도록 조금은 빠르게 시도하는 것이 연속 득점을 위해 좋은 방법일 것이다.

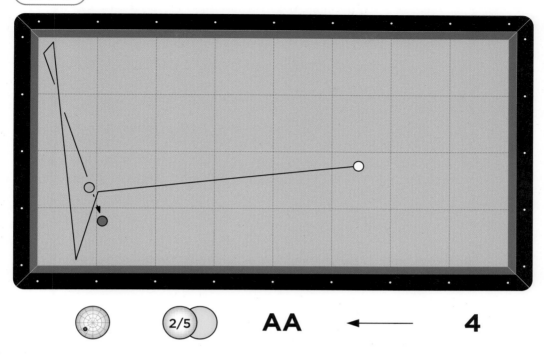

실전에서 수비를 당했을 때 자주 볼 수 있는 형태의 배치일 것이다. 독자들은 이런 경우에 어떤 경로를 생각하는가? 다양한 경로들을 생각할 수 있을 것이다. 연습량에 따라서 성공률은 달라질 것이므로 다양한 경로를 모두 연습해 보기 바란다.

많은 경로 중 리버스(Reverse) 더블 쿠션 경로의 해법을 찾아보자. 어렵다고 생각할 수 있겠으나 내 공이 1쿠션 후에 단 쿠션에 맞아도 더블 레일(Double Rail)로 진행할 수 있으므로 성공률은 높아질 것이다.

왼쪽 회전을 극대화하기 위해서 짧게 때리거나 큐를 비틀지 말고 결정한 당점을 길고 반듯하게 뻗으면서 샷을 해야 원하는 진행을 볼 수 있을 것이다.

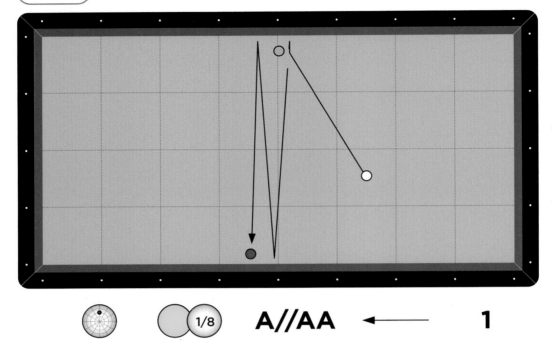

1/8   **A//AA** ⟵   **1**

목적구 두 개가 모두 장 쿠션에 가까이 붙어 있기 때문에 마땅한 경로를 찾기 어려운 배치이다.

도면과 같이 더블 쿠션으로 시도하여 당구대를 횡단하는 경로 또한 처음 시도하는 독자들에게는 성공률이 높지 않겠지만, 속도와 타법이 익숙해지면 높은 성공률을 보일 수 있을 것이다.

무조건 세게만 치면 성공할 수 있는 경로가 아니다. 두께에 따른 당점과 타법, 속도가 조화를 이뤄야만 원하는 대로 진행시킬 수 있으므로 많은 시도를 해 보아야 할 것이다.

같은 두께와 당점으로 길게 미는 스트로크(Long Follow Stroke)를 하면 내 공의 이동 폭이 좁아지고, 가볍고 짧게 미는 스트로크(Short Follow Stroke)로 시도를 하면 내 공의 이동 폭이 커진다.

더블 쿠션을 시도하면서 연속 득점(Position Play)을 위한 포지션 플레이를 할 때는 제1목적구의 도착 지점을 정하는 것이 가장 단순하고 쉬운 방법이다.

두께를 선택할 때 배치에 따라서 제1목적구의 이동 방향을 결정하는 몇 가지 방법을 소개하겠다.

제1목적구를 장 쿠션이나 단 쿠션을 따라서 이동시킨다.

더블 쿠션을 시도했을 때는 제2목적구가 많이 이동하지 않으므로 제1목적구를 다음 공격이 편한 위치로 보내야 한다.

문제 1

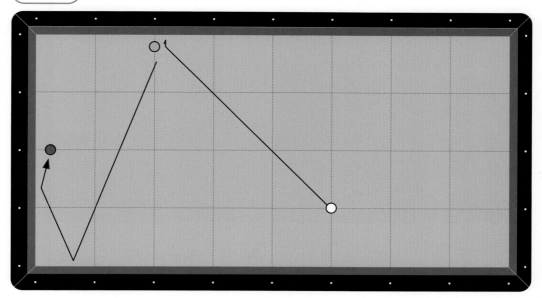

더블 쿠션으로 포지션을 시도할 때 가장 기본형이라 할 수 있는 문제이다. 제1목적구가 장 쿠션을 따라서 이동하도록 두께를 설정하고 이후 적절한 당점을 선택한다면 다음 공격이 어렵지 않은 포지션이 만들어진다.

남들은 기본구라고 해도 내가 연습이 되어 있지 않으면 나에게는 난구인 것이다.

故 이상천 선배는 수지 150점이면 성공할 수 있는 문제를 실전에서 실수했을 때 반성 연습을 50번 이상 하고, 수지 400점 정도 되어야 성공할 수 있는 문제를 실전에서 실패했을 때는 반성 연습을 1~2번 정도 했다고 말했다.

그만큼 기본에 충실했다는 말이다. 현재의 성공률이 높다고 해서 실수를 하지 않도록 반복연습을 하지 않으면 기본구를 처리하는 팔의 감각이 무뎌진다. 이건 필자의 경험이므로 독자들은 연습을 게을리하지 않기 바란다.

해법 1

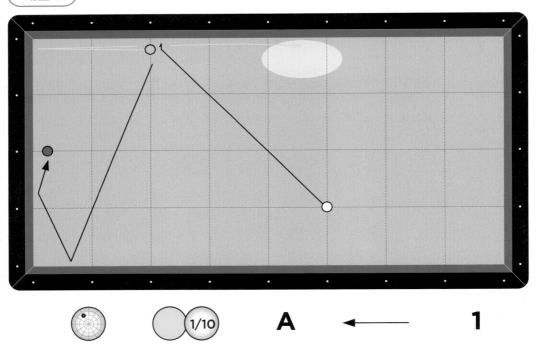

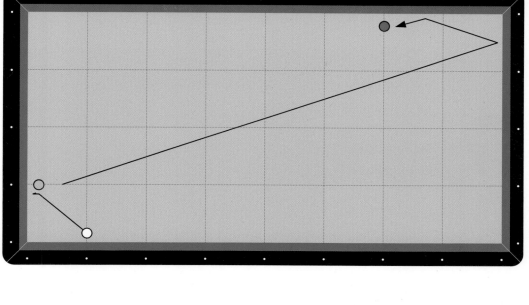

이번에도 제1목적구가 단 쿠션을 따라서 이동하도록 시도해 보자. 포지션을 위해서는 반드시 두께가 먼저 결정되어야 한다.

해법 2

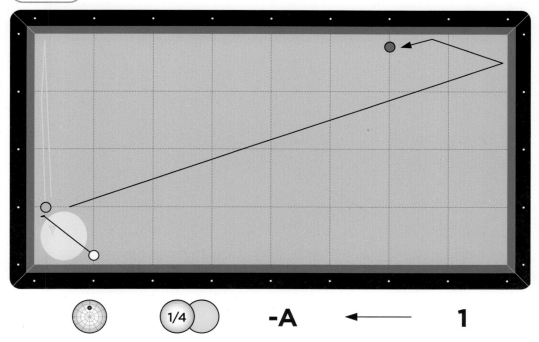

어설픈 두께와 속도로 시도하면 제1목적구가 단 쿠션의 중앙에 도착하게 된다. 포지션을 하려다가 난구를 만들지 않도록 정확한 해법을 찾고 기억해야 할 것이다.

득점이 자신 있다면 한 가지 더 신경을 써 보자. 득점에 실패했을 경우를 대비하여 내 공의 속도를 제어할 줄 알아야 한다.

고수들은 항상
만약을 생각한다.

제1목적구를 당구대의 대각선 코너 방향으로 진행시킨다.

제1목적구를 반드시 장 쿠션이나 단 쿠션을 따라서 이동시켜야만 다음 배치가 좋아지는 것은 아니다.

문제 3

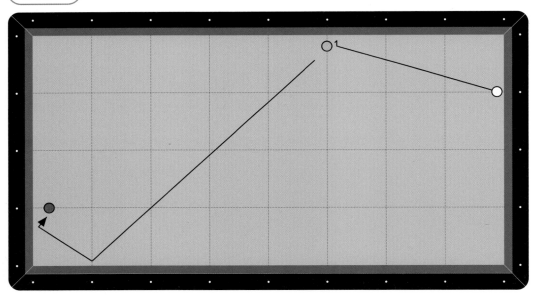

제1목적구를 장 쿠션을 따라서 이동하도록 시도할 수 있으나, 두껍게 쳐야 하므로 내 공의 진행이 너무 느려지고 득점이 불안해진다.

해법 3

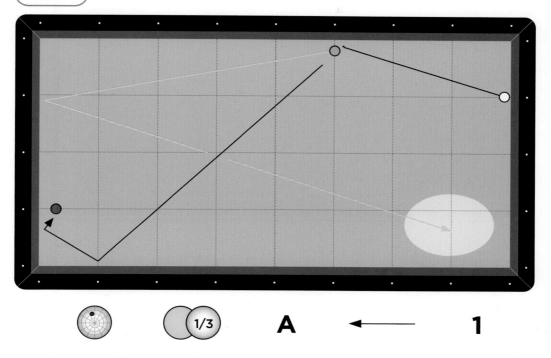

두께를 1/3로 시도하면 위의 도면처럼 제1목적구가 당구대를 가로지르면서 대각선 코 너 방향으로 진행하게 된다.

제2목적구가 아래쪽 장 쿠션에 가까이 놓여 있기 때문에 장 쿠션을 따라서 제1목적구 가 이동하도록 하는 것보다 훨씬 좋은 포지션이 만들어지는 것을 알 수 있다.

제1목적구를 크게 돌린다.

공이 놓인 배치가 제1목적구를 쿠션을 따라서 이동시키거나 당구대의 대각선 방향으 로 이동시키기가 어렵다면 당구대를 크게 돌면서 진행하도록 시도하는 것도 좋은 방 법이다.

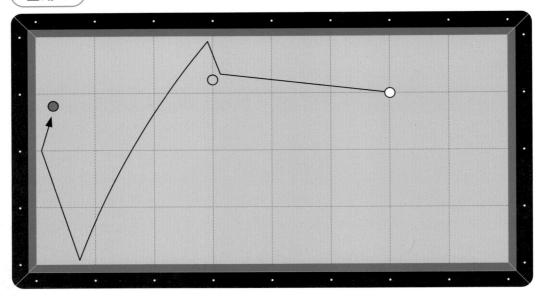

키스를 피하기 위하여 조금 얇은 두께로 시도하면 제1목적구가 자동으로 당구대를 크게 돌면서 진행한다.

해법 4

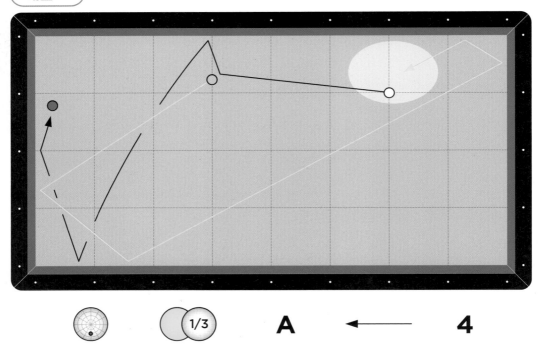

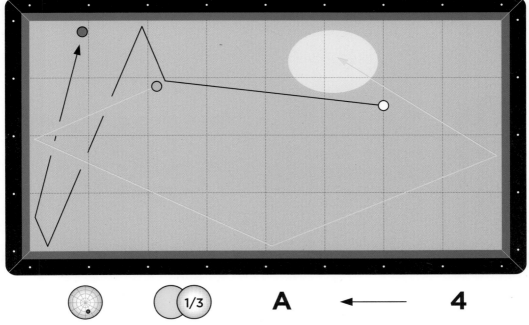

문제 4와 마찬가지로 제1목적구가 단-장-단 쿠션으로 진행하게 된다. 너무 빠르게 시도하면 목적구가 어디에 도착할지 예상하기 어려우므로 속도에 따라서 당점을 결정해야 할 것이다.

해법 5

1/3   A   ←   4

더블쿠션

6 : 더블 쿠션의 다양한 포지션 플레이

뒤 돌리기에서 소개한 연속 득점 방법과 앞에서 소개한 더블 쿠션의 연속 득점 방법을 모두 이용하여 난해한 문제를 해결하면서 포지션 플레이를 할 수 있는 해법을 소개한다.

익숙해지려면 많은 시간이 필요하겠지만 노력한 만큼 실전에서 결과로 나타나므로, 독자들은 그림을 보고 이해하는 것으로 끝내지 말고 무한한 연습 시간을 갖길 바란다.

당구대마다 조금씩 상태가 다르므로 필자가 소개한 당점이 독자들이 연습하는 당구대에서는 적용되지 않을 수 있다. 당구대에 맞는 적절한 당점을 선택할 줄 아는 것도 실력이므로 해법을 맹신하지 말고 독자들이 먼저 예습해야 한다. 이후 연습을 통하여 독자들이 찾아낸 해법과 필자의 해법을 비교하면서 공부를 한다면 훨씬 도움이 많이 될 것이다.

많은 사람이 연습하면서 두께와 당점만 표기한다. 그러나 속도와 타법에 따라서 엄청난 변화를 보이는 문제들도 많이 있기 때문에 반드시 속도와 타법을 기록하면서 연습을 해야 한다.

해법을 맹신하지 말고
독자들이 먼저 예습해야 한다.
참고 동영상을 참고하세요.(1~16)

더블 쿠션 1

더블 쿠션 16

Case 1

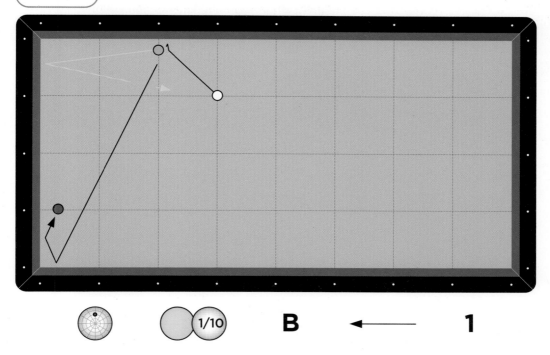

B ⟵ 1

Case 2

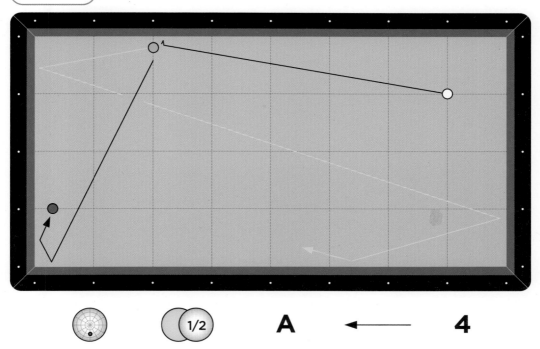

A ⟵ 4

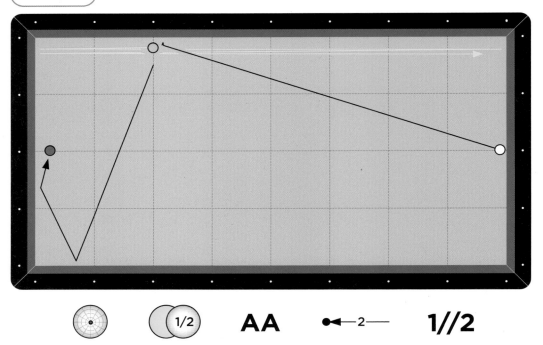

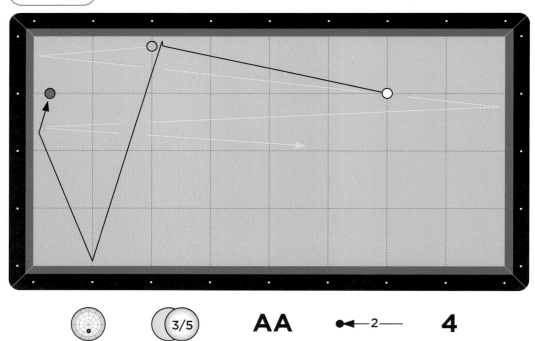

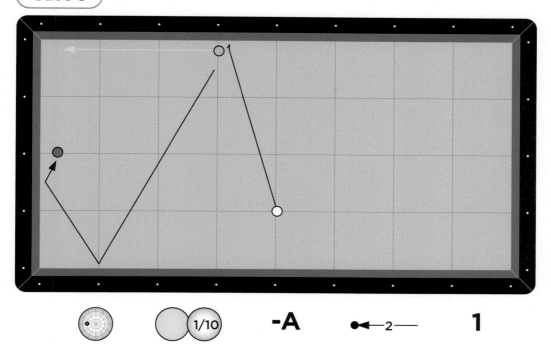

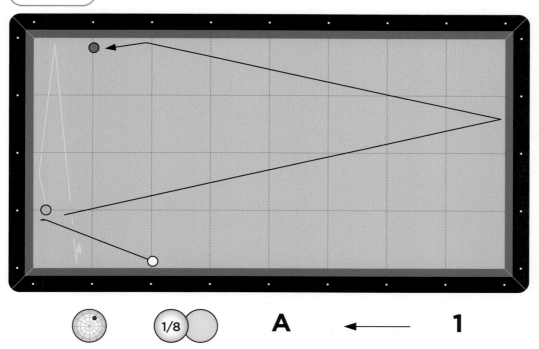

당구클럽

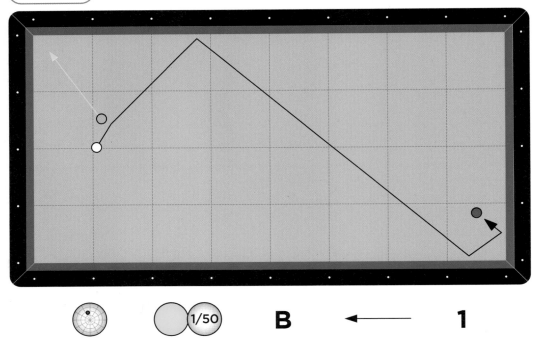

B ← 1

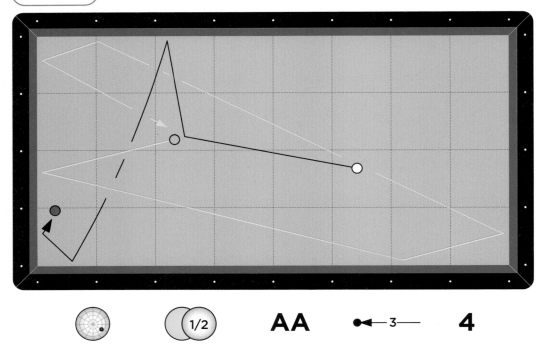

AA ●—3— 4

214

Case 9

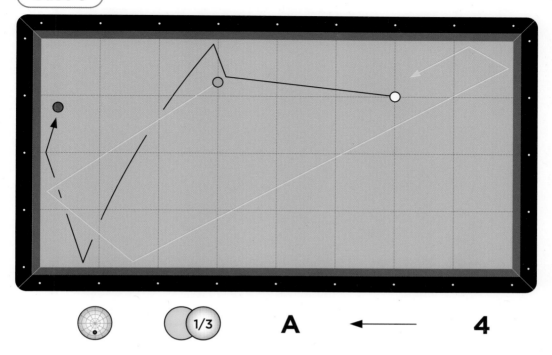

A ← 4

Case 10

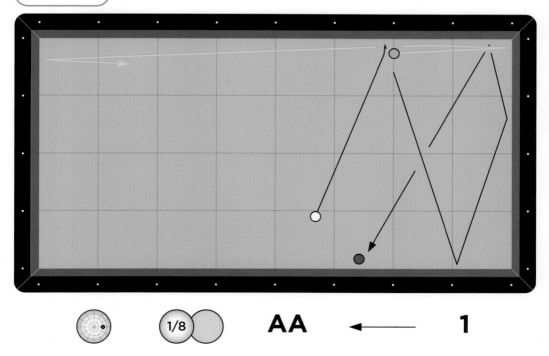

AA ← 1

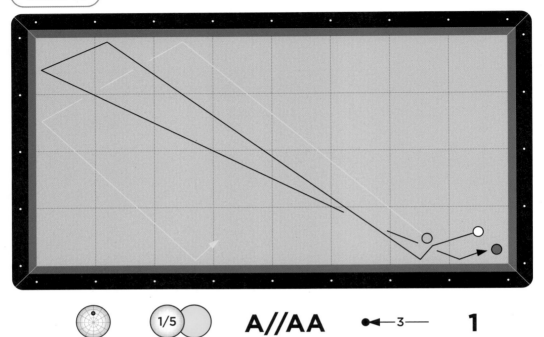

A//AA ●◄─3─ 1

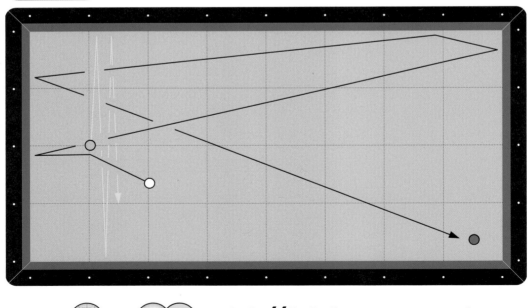

AA//AAA ●◄─3─ 1

Case 13

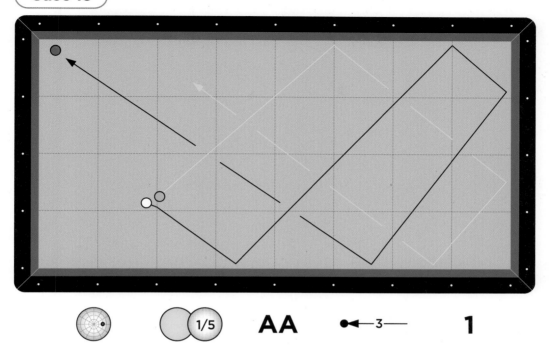

  1/5   **AA**   •←—3—   **1**

Case 14

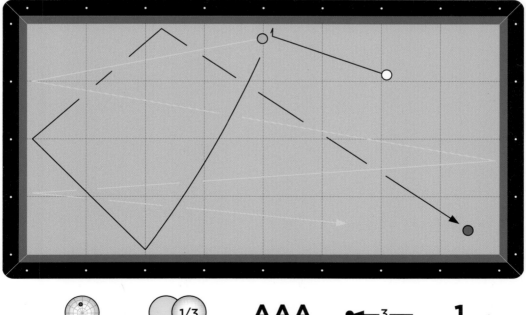

 1/3   **AAA**   •←—3—   **1**

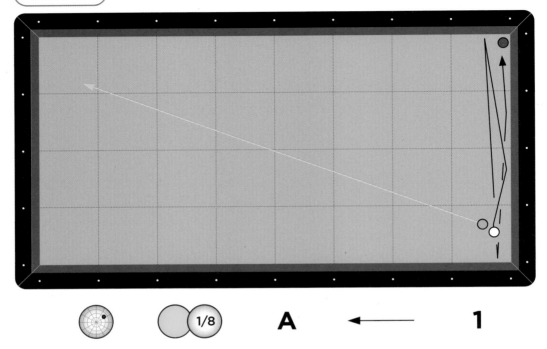

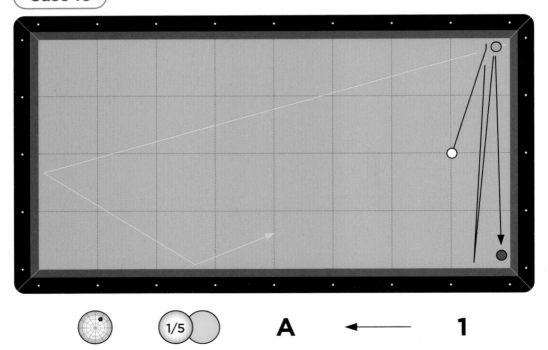

Case 17

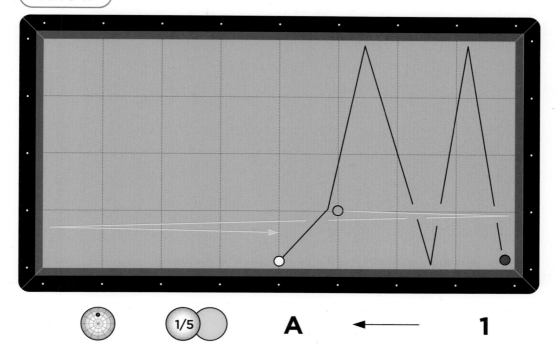

  A  **1**

Case 18

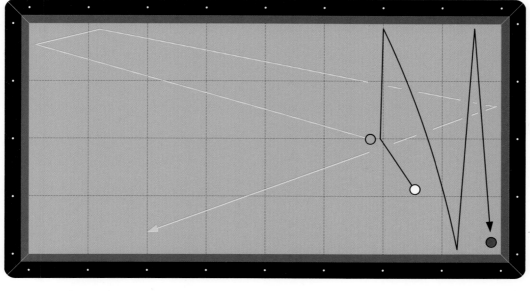

 A//AA ← **1**

219

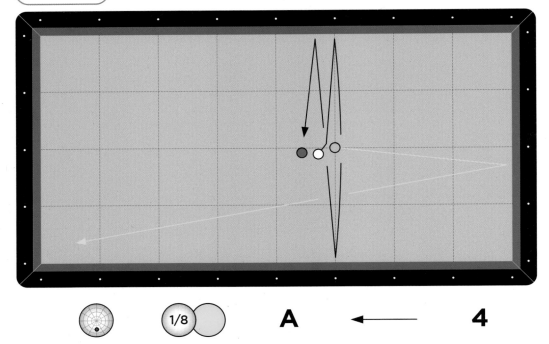

A ← 4

3-CUSHION Billiards BIBLE

PART VII

더블 레일

1 : 더블 레일이란?

더블 레일1

더블 레일의 경로

목적구를 맞히거나 뱅크(Bank)를 하여 단-장-단 또는 장-단-장 쿠션으로 진행하는 경로를 더블 레일(Double Rail) 또는 되돌리기(일명: 조단조)라고 말한다.

많은 거리를 이동하지 않으면서 3쿠션을 형성할 수 있는 경로로 실전에서 선택의 비중이 매우 높은 경로이다.

특히, 코너 부근에서 이루어지는 더블 레일은 내 공의 회전량을 조절하면서 각도를 만들어야 하므로 당점에 따른 각도 변화를 정확히 알고 있어야 한다.

더블 레일의 공략법

막연하게 더블 레일을 시도하기보다는 회전량에 따른 각도의 변화를 먼저 익히고 실습을 하는 것이 도움 될 것이다.

나의 감각과 더블 레일 계산법을 가미한다면 훨씬 성공률이 높아지므로 계산법을 공부하는 것도 도움이 되지만, 느낌이 없는 계산법의 적용은 사람을 바보로 만드는 계기가 되므로 반드시 자신이 알고 있는 팁의 분배에 따른 각도의 변화를 시험해 보고 느끼기를 바란다.

먼저, 더블 레일을 시도할 때 가장 많이 적용하는 계산법을 소개하도록 하겠다. 당구대마다 조금씩 진행 각도가 다르기 때문에 적용하는 연습이 필요할 것이다.

2 : 더블 레일 계산법

당점의 분배에 의한 계산 방법

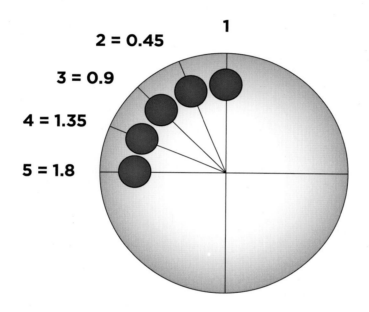

내 공이 단 쿠션에 가까이 놓여 있을 때 최대 회전력으로 코너의 단 쿠션을 향하여 진행시키면 자연스러운 더블 레일의 진행을 경험할 수 있다.

더블 레일을 시도했을 때, 당구대마다 조금씩 다르지만 맛세(Masse)를 하지 않는 한 최대 회전으로 도착하는 4번째 쿠션의 위치는 2포인트를 넘지 않는다.

❶ 3뱅크 계산법이 정확하게 적용되는 당구대에서의
   최대 회전으로 도착하는 4번째 쿠션 위치는 1.8포인트이다.
   라사지에 기름기가 많으면 많을수록 각이 형성되지 않는다.

당점에 따른 내 공의 진행 단-장-단

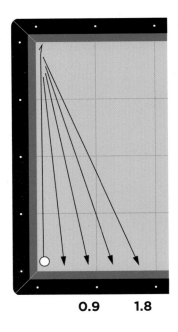

0.9   1.8

이 계산법은 장-단-장 쿠션으로 진행하는 더블 레일에서도 적용된다. 당구대의 비율
이 가로:세로 = 1:2이므로 ×2를 하면 4번째 쿠션의 도착 지점을 예상할 수 있다.

1번 당점   단 쿠션 0×2 = 장 쿠션   0

2번 당점   단 쿠션 0.45×2 = 장 쿠션   0.9

3번 당점   단 쿠션 0.9×2 = 장 쿠션   1.8

4번 당점   단 쿠션 1.35×2 = 장 쿠션   2.7

5번 당점   단 쿠션 1.8×2 = 장 쿠션   3.6

당점에 따른 내 공의 진행 장-단-장

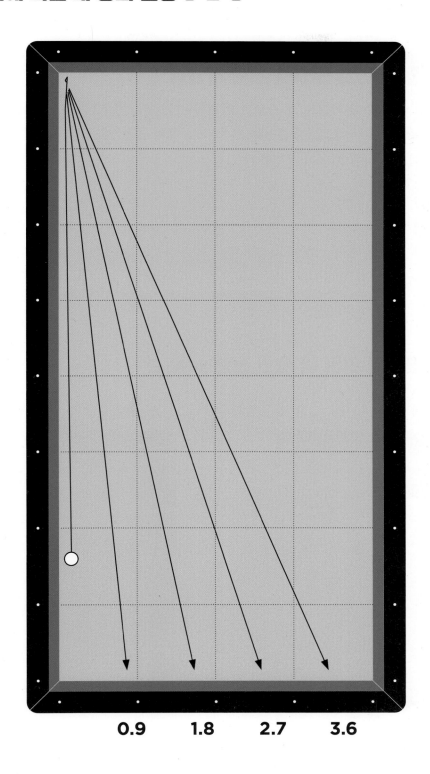

0.9   1.8   2.7   3.6

첫 번째 쿠션의 위치를 정해 놓고 회전을 바꿔 가면서 도착 지점을 알아낼 수 있는 더블 레일 계산법을 소개하였다.

당점 고정. 포인트 변화에 의한 계산법

실전에서 이 계산법 한 가지로 뱅크 샷은 해결이 가능하지만 공을 맞히고 득점을 해야 하는 더블 레일에서는 이 계산법을 적용하지 못할 때가 많으므로 최대 회전으로 첫 번째 쿠션의 위치를 바꿔 가면서 도착하는 지점을 암기하고 있는 것이 실전 적용에 유용하다.

회전을 결정하고 첫 번째 쿠션의 위치를 바꿨을 때의 도착 지점을 알고 있어야 하는 이유는 간단하다. 앞에서 소개한 계산법으로 시도하려고 하면 공을 맞히고 나서 코너에 내 공을 보낼 수 있어야 하는데 실전에서 공을 맞힌 후에 내 공을 코너에 보내는 것이 불가능할 때가 많기 때문이다.

포인트 변화에 의한 내 공의 진행 단-장-단

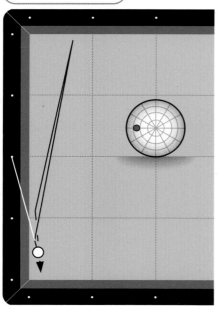

거의 코너 출발

5 출발

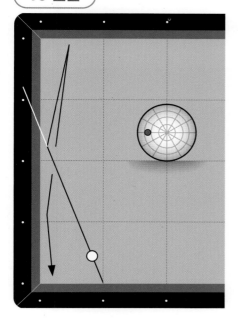

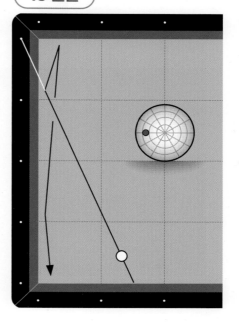

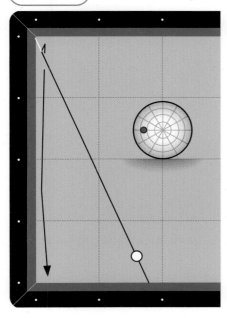

더블 레일

포인트에 의한 내 공의 진행 장-단-장

10 출발

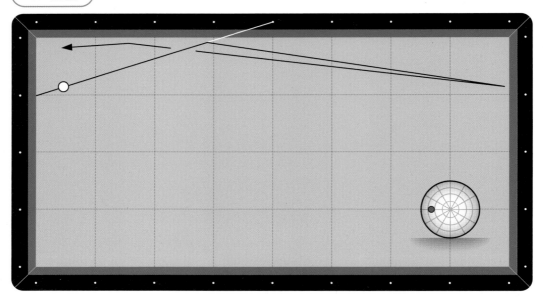

20 출발

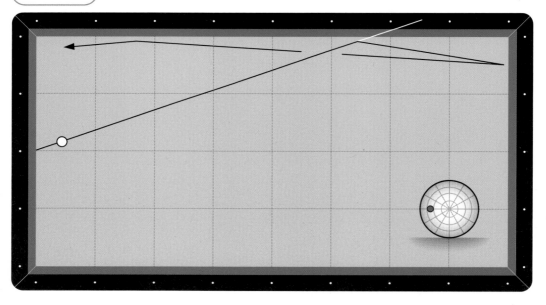

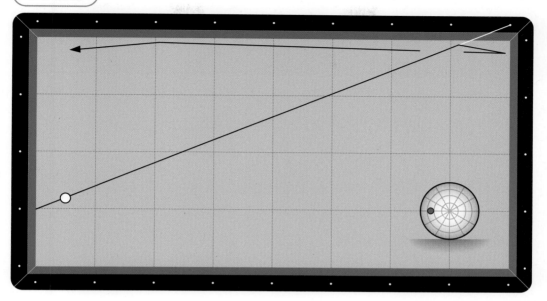

3 : 더블 레일의 다양한 배치

더블 레일 경로는 뱅크 샷처럼 규칙적인 각도의 변화를 이용하여 시도하는 경우도 있지만, 실전에서는 공을 먼저 맞혀서 시도해야 할 때가 훨씬 많다.

목적구를 맞혀서 시도하는 경우에는 같은 두께와 당점이라고 하더라도 속도와 충격량에 따라서 매우 다양한 진행 경로를 보이기 때문에 다양한 배치를 독자들은 반드시 직접 구사해 보고 속도와 충격량의 느낌을 몸으로 익혀야 한다.

문제에 대한 해법은 연속 득점 편에 소개하겠다. 자신이 찾아낸 답과 비교하면서 어떤 방법이 더욱 효과적인지 판단해 보자.

더블 레일 경로는
실전에서 공을 먼저 맞혀서
시도해야 할 때가 훨씬 많다.

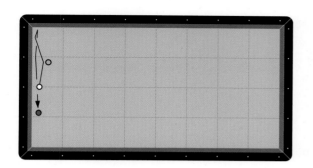

두께 :

당점 :

타법 :

속도 :

큐 기울기 :

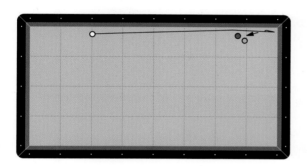

두께 :

당점 :

타법 :

속도 :

큐 기울기 :

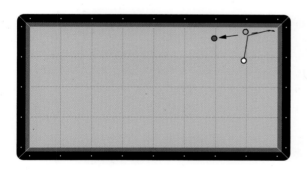

두께 :

당점 :

타법 :

속도 :

큐 기울기 :

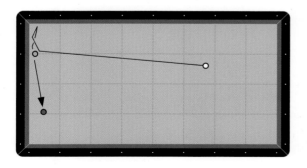

두께 :

당점 :

타법 :

속도 :

큐 기울기 :

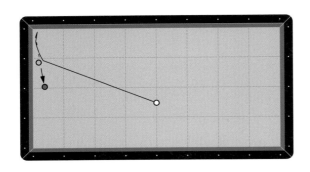

두께 :
당점 :
타법 :
속도 :
큐 기울기 :

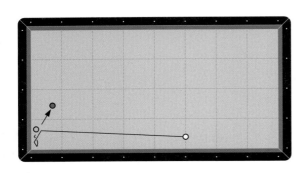

두께 :
당점 :
타법 :
속도 :
큐 기울기 :

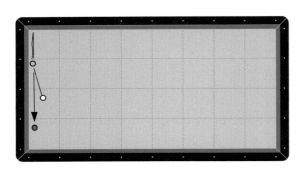

두께 :
당점 :
타법 :
속도 :
큐 기울기 :

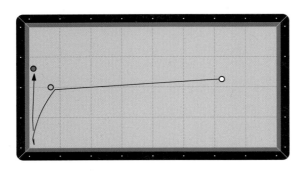

두께 :
당점 :
타법 :
속도 :
큐 기울기 :

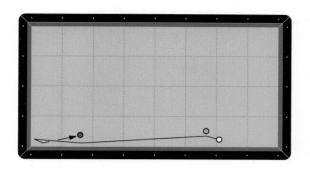

두께 :
당점 :
타법 :
속도 :
큐 기울기 :

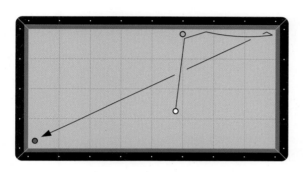

두께 :
당점 :
타법 :
속도 :
큐 기울기 :

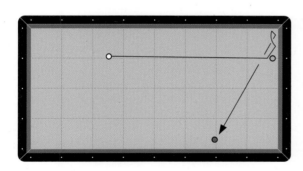

두께 :
당점 :
타법 :
속도 :
큐 기울기 :

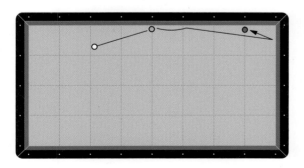

두께 :
당점 :
타법 :
속도 :
큐 기울기 :

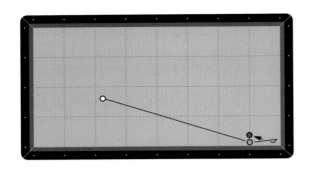

두께 :

당점 :

타법 :

속도 :

큐 기울기 :

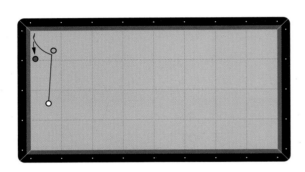

두께 :

당점 :

타법 :

속도 :

큐 기울기 :

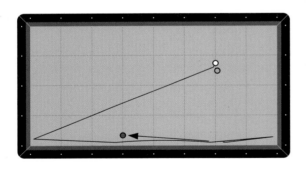

두께 :

당점 :

타법 :

속도 :

큐 기울기 :

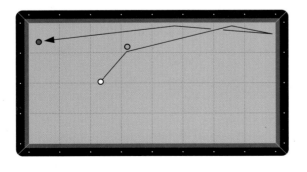

두께 :

당점 :

타법 :

속도 :

큐 기울기 :

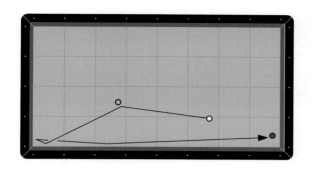

두께 :
당점 :
타법 :
속도 :
큐 기울기 :

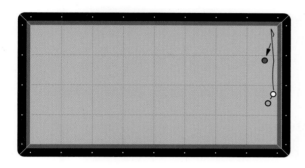

두께 :
당점 :
타법 :
속도 :
큐 기울기 :

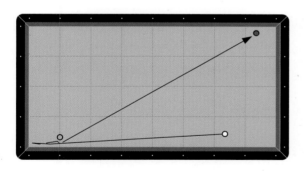

두께 :
당점 :
타법 :
속도 :
큐 기울기 :

이외에도 다양한 문제들이 많이 있지만 실전에서 자주 경험할 수 있는 문제들을 수록
하였다. 연습을 통하여 몸으로 익힌다면 좁은 공간에서 쉽게 득점할 수 있는 길, 남들
이 미처 생각하지 못한 길을 볼 수 있는 눈이 뜨일 것이다.

4 : 더블 레일의 다양한 포지션 플레이

더블 레일 경로로 진행하는 다양한 포지션 플레이를 소개한다. 포지션 플레이라는 것은 득점 우선이다. 득점 자체가 어려운 배치를 포지션 플레이하려는 미련한 생각을 하지 말아야 한다.

더블 레일 경로는 좁은 공간에서 득점할 수 있는 경로이기 때문에 내 공이 당구대를 크게 돌면서 득점을 하는 다른 경로들보다는 훨씬 쉽게 득점할 수 있는 배치들이 많으므로 연습해 둔다면 경기의 흐름을 나의 리듬으로 이끌어갈 기회를 만들 수 있을 것이다.

또한, 난구를 해결해야 할 때도 자주 선택하는 경로이다. 상대방이 수비한 배치가 해결된다면 자신의 전투력은 상승하게 되고 상대방은 좌절하는 계기가 되므로 실전에서 한 번에 성공할 수 있도록 많은 연습을 해야 한다.

다른 경로도 마찬가지지만 더블 레일 경로는 속도에 따라서 매우 다양한 진행 각도의 차이를 나타낸다. 속도는 몸으로 기억하는 것이다. 머리로 공부하려 하지 말고 무한한 연습을 통하여 시행착오를 반복하면서 습득해야 할 것이다.

여기서 소개하는 다양한 문제는 포지션 플레이보다는 득점을 위주로 연습하길 바란다. 실전에서 선수들이 구사하는 방법을 위주로 소개하는 것이므로 반드시 숙지해야 하고, 수많은 반복연습으로 성공률이 80% 이상이 되어야만 칠 줄 안다고 얘기할 수 있다.

포지션 플레이에서 중요한 것은 득점이 우선이라는 것이다. 참고 동영상을 참고하세요.(1~2)

더블 레일 1

더블 레일 2

Case 1

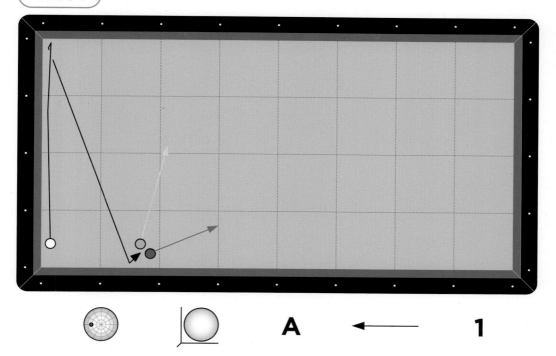

A ← 1

Case 2

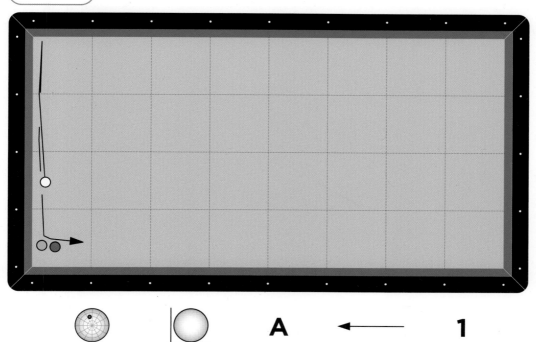

A ← 1

Case 3

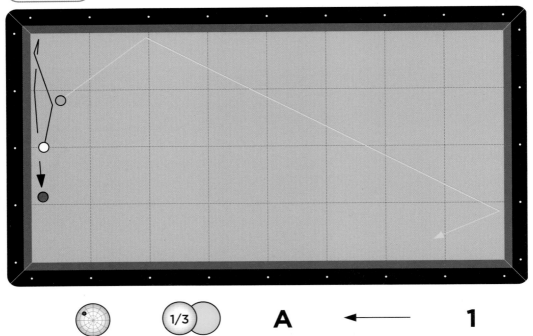

A ← 1

Case 4

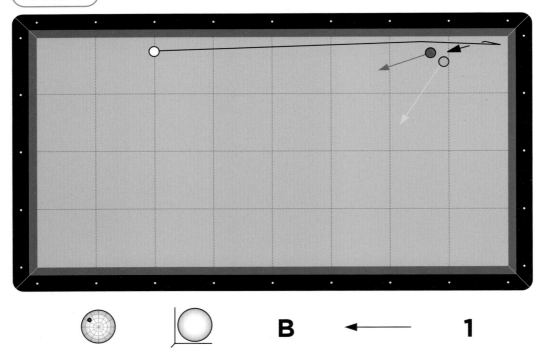

B ← 1

Case 5

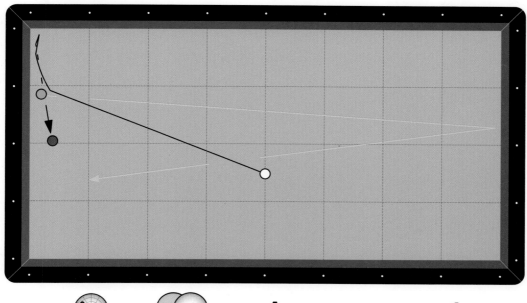

  A **1**

Case 6

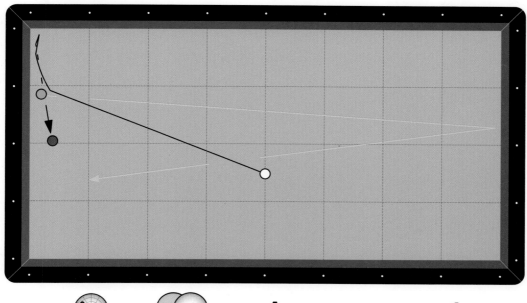

 A **1**

 A **4**

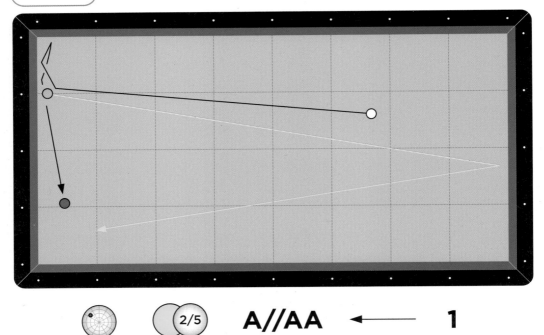

A//AA ← 1

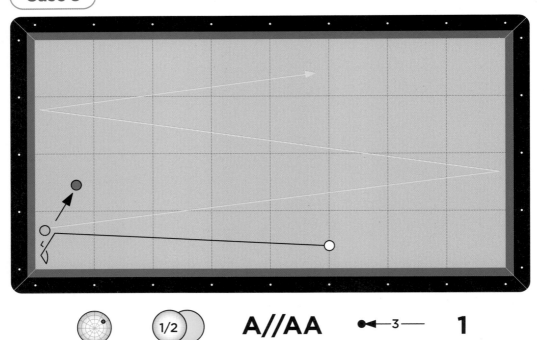

A//AA ←—3— 1

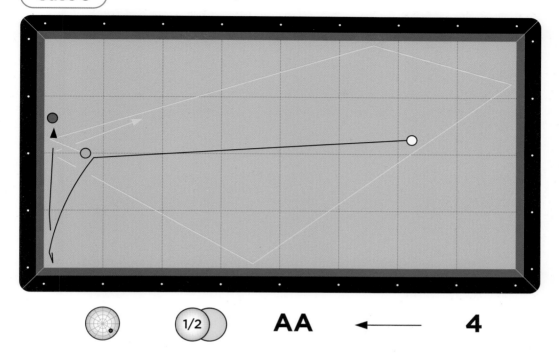

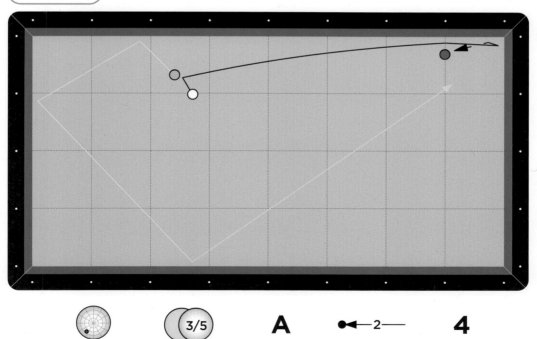

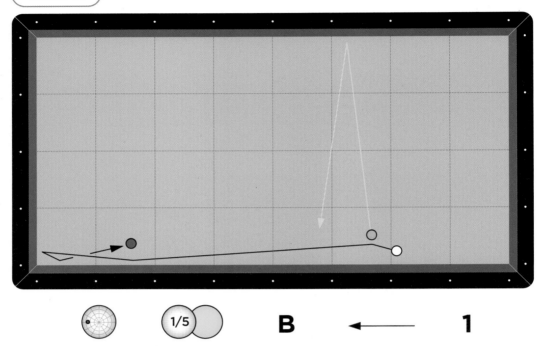

B ← 1

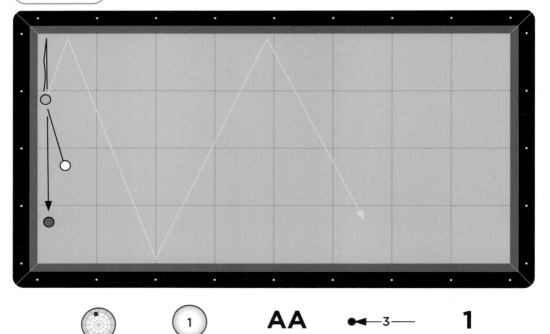

AA ●←3— 1

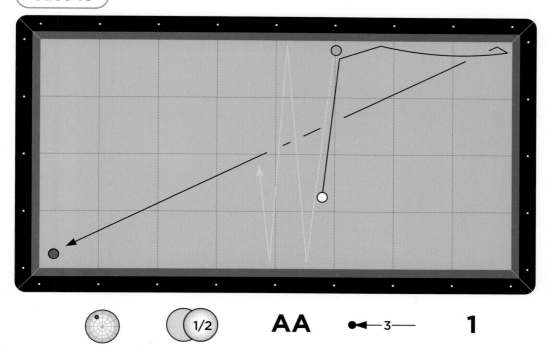

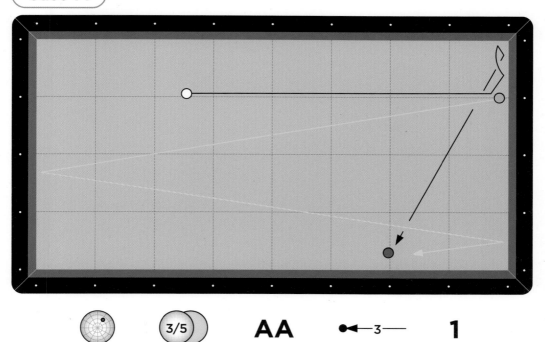

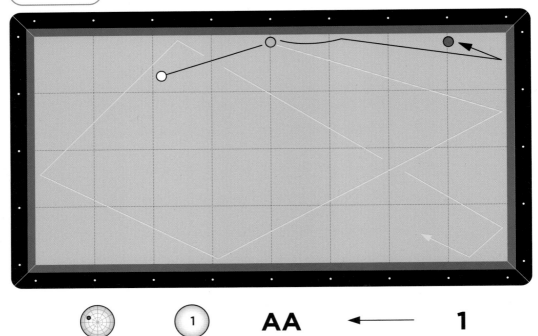

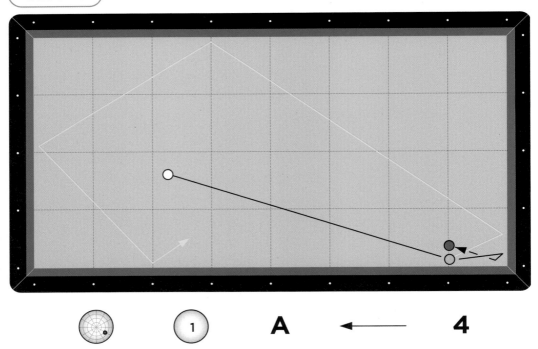

244

Case 17

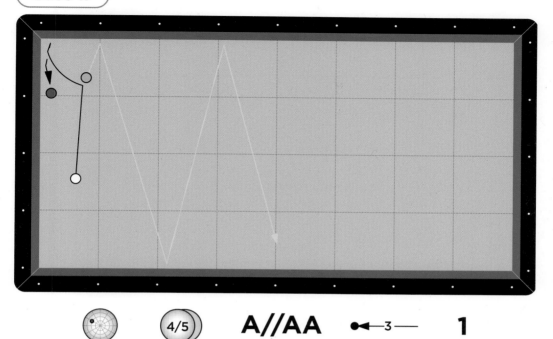

 4/5 A//AA ●◄—3— 1

Case 18

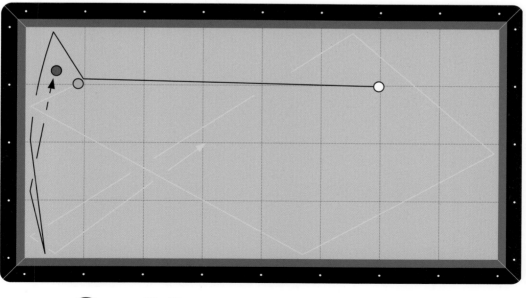

 1/3 AA//AAA ◄——— 4

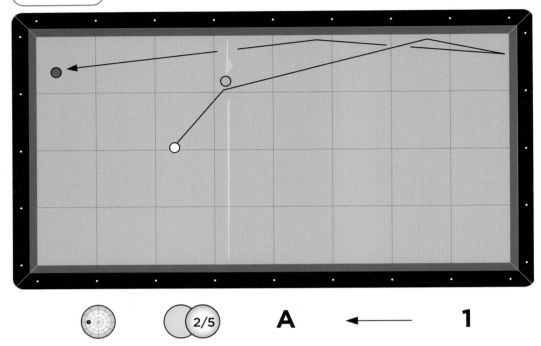

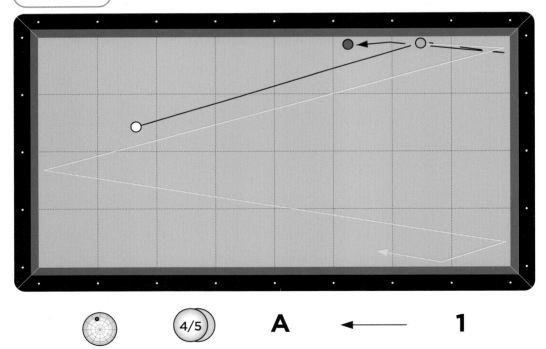

Case 21

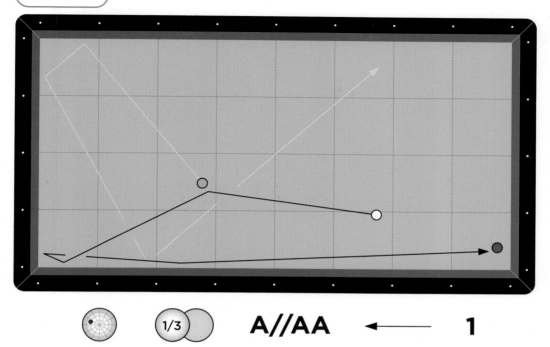

 1/3 A//AA ← 1

Case 22

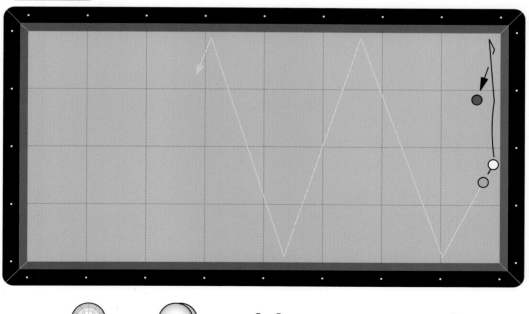

 9.5/10 AA ●—2— 4

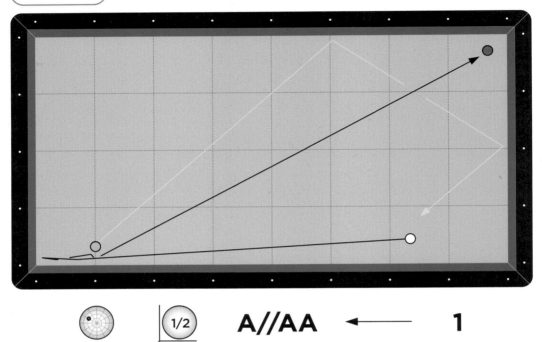

A//AA ← 1

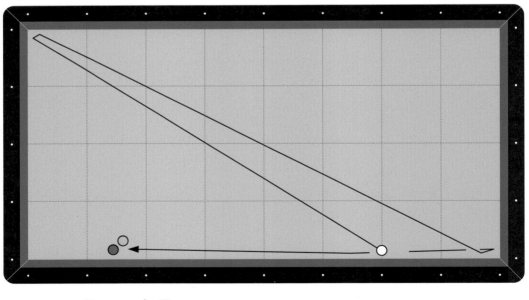

AA//AAA ← 1

PART

VIII

1 and 2
뱅크 샷

1 : 1 and 2 뱅크 샷이란?

1 and 2 뱅크 샷의 경로

1쿠션 걸어 치기

실전에서 1뱅크는 굉장히 많은 비중을 차지한다. 1쿠션 걸어 치기는 1뱅크 이후에 목적구의 뒤를 맞히는 경우와 목적구의 앞을 맞히는 경우의 두 가지로 나뉘는데, 목적구의 뒤를 맞히는 경우는 3쿠션이 좁은 공간에서 빨리 형성되므로 좁은 공간에서 쉽게 득점할 수 있는 장점이 있다.

목적구의 앞을 맞히는 경우는 목적구가 쿠션에 붙어 있거나 목적구를 맞힌 후에 분리 각을 크게 만들어야 할 때 선택하며 내 공이 당구대를 크게 돌면서 진행하는 경우가 많다.

두 가지 경우 모두 득점이 되는 내 공의 진행 모습을 보면 어렵지 않게 보일 수 있지만, 두께와 당점, 속도, 충격량에 따라서 다양한 진행 각도의 변화를 보이므로 단순하게 계산법만으로 해결할 수 있는 경로가 아니라는 것을 알아야 한다.

2쿠션 걸어 치기

2쿠션에 먼저 맞힌 후에 1개의 목적구를 맞히고 이후에 1쿠션 이상을 진행한 후에 나머지 목적구를 맞히는 경로로 2뱅크 후의 진행 각도를 정확히 알고 있어야 실전에서 시도할 수 있다.

무회전(No English)으로 쉽게 성공할 수 있는 배치도 있지만 좌, 우의 회전을 사용하면서 당구대의 중앙에 놓인 목적구를 맞혀야 하는 어려운 배치들도 있기 때문에, 내가 선택한 회전이 2쿠션에 맞고 3번째 쿠션의 어디로 진행하는지 각도를 예상할 수 있을 정도로 연습이 필요하다.

1 and 2 뱅크 샷의 공략법

1쿠션 뒤 또는 앞으로 걸어 치기

1쿠션 뒤로 걸어 치기나 앞으로 걸어 치기의 성공률을 높이기 위해서는 먼저 자연각을 알고 있어야 한다. 자연각이란 내 공이 1뱅크 후에 목적구를 맞히고 속도의 변화 없이 진행하면서 3쿠션에 맞고 4쿠션에 도착하는 각도를 말하며, 목적구의 위치나 내 공이 1쿠션을 향하여 진행하는 각도에 따라서 4쿠션의 도착 위치가 달라지므로 다양한 각도에서 여러 번 시도해 보면서 자연각을 찾는 연습을 해야 한다.

자연각을 찾는 연습을 할 수 있는 문제들을 도면으로 소개하겠다. 독자들은 반드시 직접 연습하여 배치에 따른 4번째 쿠션의 도착 지점을 외우고 있어야 한다.

자연각에 대한 답은 따로 설명하지 않겠다. 당구대에 따라서 조금씩 다르므로 독자들이 4번째 쿠션의 위치를 찾기 바란다.

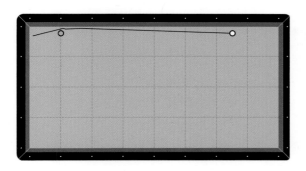

두께 : 뱅크 후 1/3
당점 : 9시, 3T
타법 : Long Follow
속도 : A
큐 기울기 : 1 [최대한 수평]

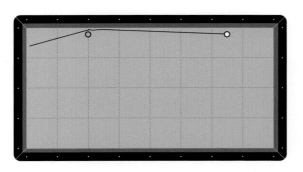

두께 : 뱅크 후 1/3
당점 : 9시, 3T
타법 : Long Follow
속도 : A
큐 기울기 : 1 [최대한 수평]

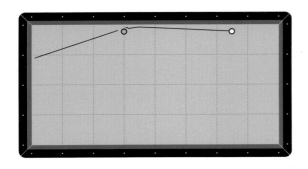

두께 : 뱅크 후 1/3
당점 : 9시, 3T
타법 : Long Follow
속도 : A
큐 기울기 : 1 [최대한 수평]

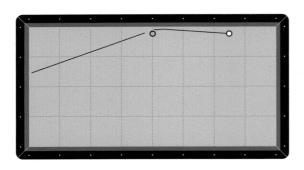

두께 : 뱅크 후 1/3
당점 : 9시, 3T
타법 : Long Follow
속도 : A
큐 기울기 : 1 [최대한 수평]

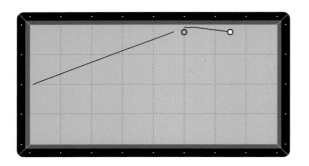

두께 : 뱅크 후 1/3
당점 : 9시, 3T
타법 : Long Follow
속도 : A
큐 기울기 : 1 [최대한 수평]

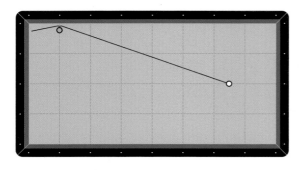

두께 : 뱅크 후 1/3
당점 : 9시, 3T
타법 : Long Follow
속도 : A
큐 기울기 : 1 [최대한 수평]

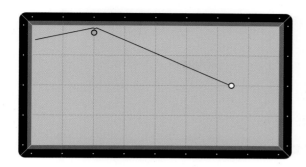

두께 : 뱅크 후 1/3
당점 : 9시, 3T
타법 : Long Follow
속도 : A
큐 기울기 : 1 [최대한 수평]

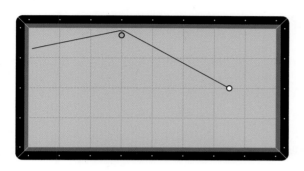

두께 : 뱅크 후 1/3
당점 : 9시, 3T
타법 : Long Follow
속도 : A
큐 기울기 : 1 [최대한 수평]

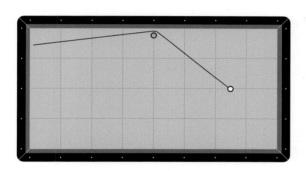

두께 : 뱅크 후 1/3
당점 : 9시, 3T
타법 : Long Follow
속도 : A
큐 기울기 : 1 [최대한 수평]

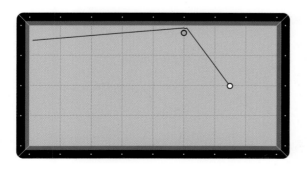

두께 : 뱅크 후 1/3
당점 : 9시, 3T
타법 : Long Follow
속도 : A
큐 기울기 : 1 [최대한 수평]

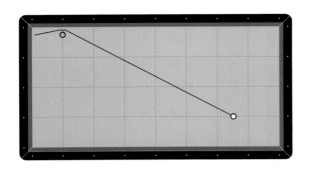

두께 : 뱅크 후 1/3
당점 : 9시, 3T
타법 : Long Follow
속도 : A
큐 기울기 : 1 [최대한 수평]

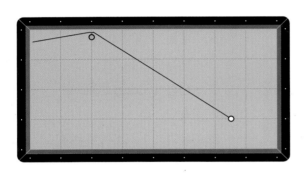

두께 : 뱅크 후 1/3
당점 : 9시, 3T
타법 : Long Follow
속도 : A
큐 기울기 : 1 [최대한 수평]

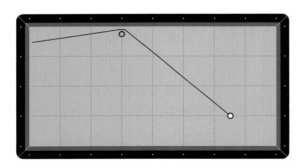

두께 : 뱅크 후 1/3
당점 : 9시, 3T
타법 : Long Follow
속도 : A
큐 기울기 : 1 [최대한 수평]

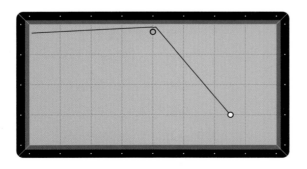

두께 : 뱅크 후 1/3
당점 : 9시, 3T
타법 : Long Follow
속도 : A
큐 기울기 : 1 [최대한 수평]

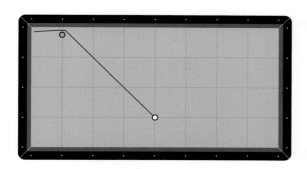

두께 : 뱅크 후 1/3

당점 : 9시, 3T

타법 : Long Follow

속도 : A

큐 기울기 : 1　[최대한 수평]

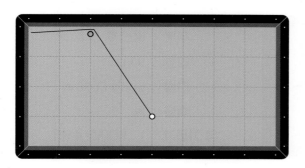

두께 : 뱅크 후 1/3

당점 : 9시, 3T

타법 : Long Follow

속도 : A

큐 기울기 : 1　[최대한 수평]

두께 : 뱅크 후 1/3

당점 : 9시, 3T

타법 : Long Follow

속도 : A

큐 기울기 : 1　[최대한 수평]

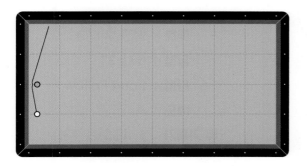

두께 : 뱅크 후 1/3

당점 : 9시, 3T

타법 : Long Follow

속도 : A

큐 기울기 : 1　[최대한 수평]

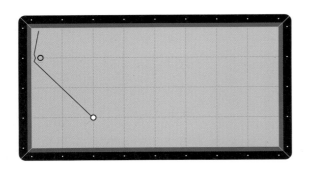

두께 : 뱅크 후 1/3
당점 : 9시, 3T
타법 : Long Follow
속도 : A
큐 기울기 : 1 [최대한 수평]

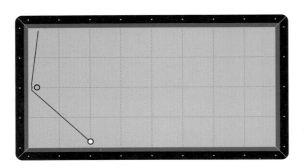

두께 : 뱅크 후 1/3
당점 : 9시, 3T
타법 : Long Follow
속도 : A
큐 기울기 : 1 [최대한 수평]

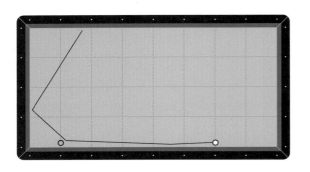

두께 : 뱅크 후 1/3
당점 : 9시, 3T
타법 : Long Follow
속도 : A
큐 기울기 : 1 [최대한 수평]

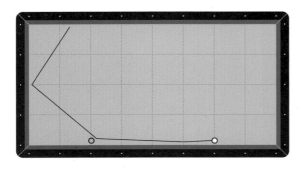

두께 : 뱅크 후 1/3
당점 : 9시, 3T
타법 : Long Follow
속도 : A
큐 기울기 : 1 [최대한 수평]

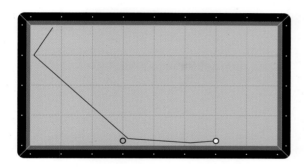

두께 : 뱅크 후 1/3
당점 : 9시, 3T
타법 : Long Follow
속도 : A
큐 기울기 : 1 [최대한 수평]

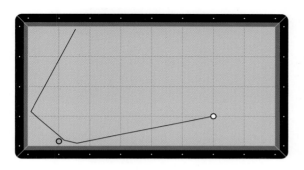

두께 : 뱅크 후 1/3
당점 : 9시, 3T
타법 : Long Follow
속도 : A
큐 기울기 : 1 [최대한 수평]

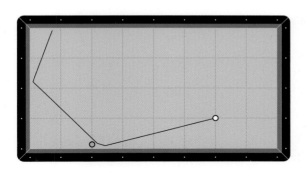

두께 : 뱅크 후 1/3
당점 : 9시, 3T
타법 : Long Follow
속도 : A
큐 기울기 : 1 [최대한 수평]

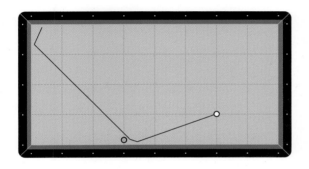

두께 : 뱅크 후 1/3
당점 : 9시, 3T
타법 : Long Follow
속도 : A
큐 기울기 : 1 [최대한 수평]

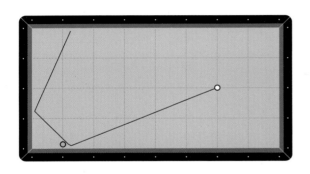

두께 : 뱅크 후 1/3
당점 : 9시, 3T
타법 : Long Follow
속도 : A
큐 기울기 : 1 [최대한 수평]

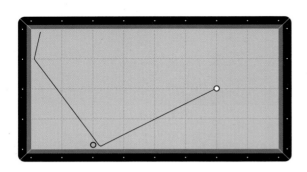

두께 : 뱅크 후 1/3
당점 : 9시, 3T
타법 : Long Follow
속도 : A
큐 기울기 : 1 [최대한 수평]

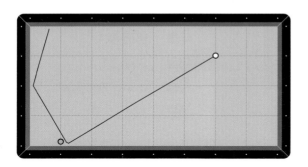

두께 : 뱅크 후 1/3
당점 : 9시, 3T
타법 : Long Follow
속도 : A
큐 기울기 : 1 [최대한 수평]

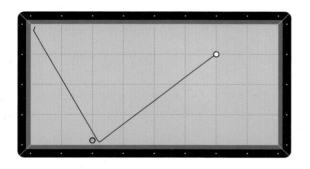

두께 : 뱅크 후 1/3
당점 : 9시, 3T
타법 : Long Follow
속도 : A
큐 기울기 : 1 [최대한 수평]

2쿠션 걸어 치기

3뱅크의 진행 각도를 연습을 익히지 않고, 계산법으로 공부한 사람들은 2번째 쿠션의 위치를 모른다. 왜냐하면 3뱅크 계산법은 내 공의 위치에서 1번째 쿠션의 어디를 맞히면 3번째 쿠션의 어디에 도착한다는 산출을 하기 때문에 2번째 쿠션의 도착 지점을 모를 수밖에 없다.

좁은 공간에서 무회전(No English)으로 시도하는 2뱅크 샷은 입사각에 따른 반사각을 추리할 줄 알면 시도할 수 있지만 좌, 우의 회전을 사용하면서 진행하는 2뱅크는 내 공의 회전을 정확히 알지 못하면 무모한 시도가 될 것이다.

특별한 연습이 필요한 것은 아니다. 3뱅크를 시도하면서 2번째 쿠션의 위치를 외우기만 해도 2뱅크의 성공률은 높아질 것이다.

3뱅크를 시도하면서
2번째 쿠션의 위치를 외우기만 해도
2뱅크의 성공률은 높아질 것이다.

2 : 1 and 2 뱅크 샷의 다양한 배치

1쿠션이나 2쿠션 걸어 치기를 시도할 수 있는 배치는 실전에서 매우 다양하게 접할 수 있다. 특정한 패턴이 없기 때문에 거의 모든 각도를 외워야 한다는 어려움이 있지만, 많이 외우고 있는 만큼 실전에서 남들보다 쉽게 득점할 수 있는 길을 보는 눈이 생길 것이다.

독자들은 반드시 스스로 답을 찾기 위한 예습 시간을 가져야 한다. 답을 미리 보고 흉내를 내는 것은 짧은 시간에 많은 것을 쉽고 빨리 배울 수 있는 것 같지만 머릿속에 남지 않는다.

당구는 큐를 가지고 몸으로 표현하는 운동이다. 머리로만 공부하려고 하면 칠 줄은 모르면서 말만 많아지게 된다는 것을 명심하자.

많이 외우고 있는 만큼
실전에서 남들보다 쉽게 득점할 수 있는 길을
보는 눈이 생길 것이다.

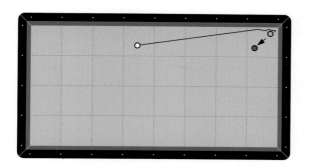

두께 :
당점 :
타법 :
속도 :
큐 기울기 :

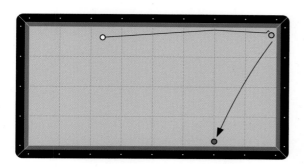

두께 :
당점 :
타법 :
속도 :
큐 기울기 :

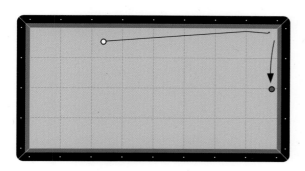

두께 :
당점 :
타법 :
속도 :
큐 기울기 :

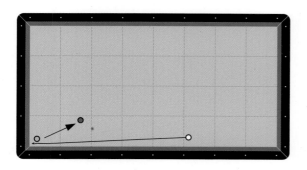

두께 :
당점 :
타법 :
속도 :
큐 기울기 :

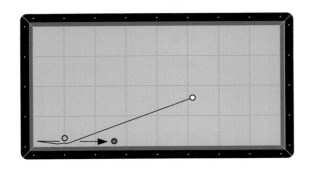

두께 :
당점 :
타법 :
속도 :
큐 기울기 :

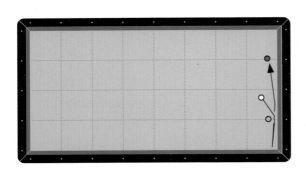

두께 :
당점 :
타법 :
속도 :
큐 기울기 :

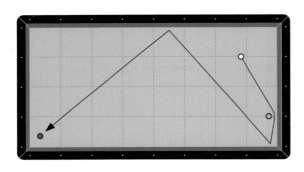

두께 :
당점 :
타법 :
속도 :
큐 기울기 :

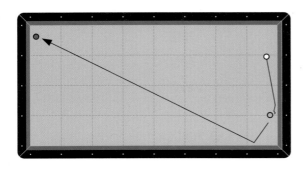

두께 :
당점 :
타법 :
속도 :
큐 기울기 :

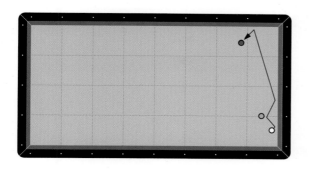

두께 :
당점 :
타법 :
속도 :
큐 기울기 :

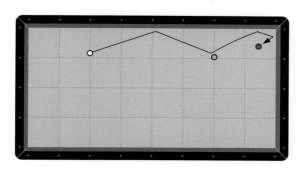

두께 :
당점 :
타법 :
속도 :
큐 기울기 :

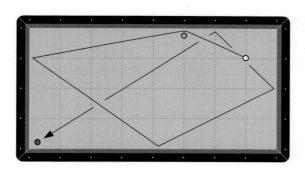

두께 :
당점 :
타법 :
속도 :
큐 기울기 :

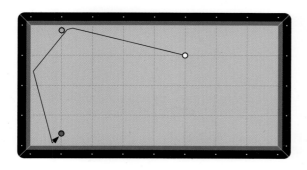

두께 :
당점 :
타법 :
속도 :
큐 기울기 :

1 and 2 뱅크 샷

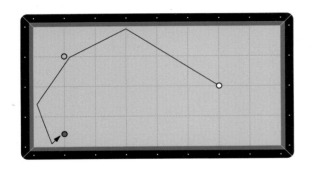

두께 :
당점 :
타법 :
속도 :
큐 기울기 :

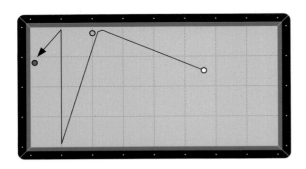

두께 :
당점 :
타법 :
속도 :
큐 기울기 :

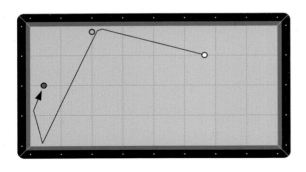

두께 :
당점 :
타법 :
속도 :
큐 기울기 :

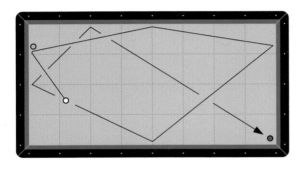

두께 :
당점 :
타법 :
속도 :
큐 기울기 :

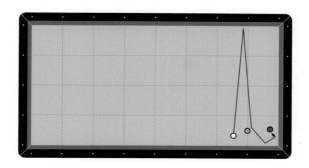

두께 :

당점 :

타법 :

속도 :

큐 기울기 :

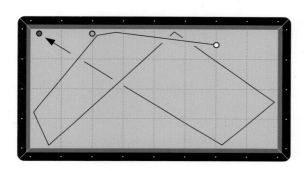

두께 :

당점 :

타법 :

속도 :

큐 기울기 :

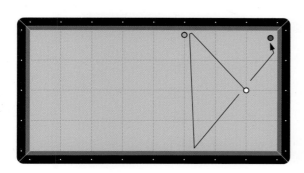

두께 :

당점 :

타법 :

속도 :

큐 기울기 :

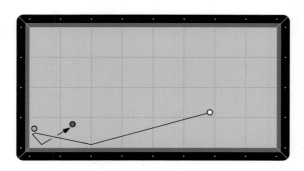

두께 :

당점 :

타법 :

속도 :

큐 기울기 :

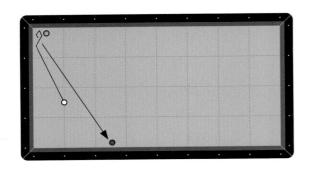

두께 :

당점 :

타법 :

속도 :

큐 기울기 :

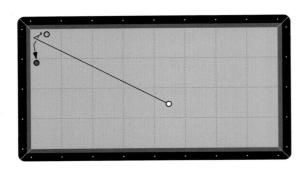

두께 :

당점 :

타법 :

속도 :

큐 기울기 :

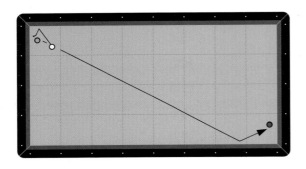

두께 :

당점 :

타법 :

속도 :

큐 기울기 :

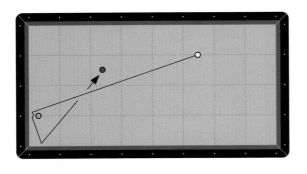

두께 :

당점 :

타법 :

속도 :

큐 기울기 :

266

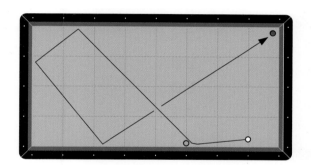

두께 :
당점 :
타법 :
속도 :
큐 기울기 :

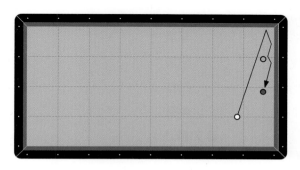

두께 :
당점 :
타법 :
속도 :
큐 기울기 :

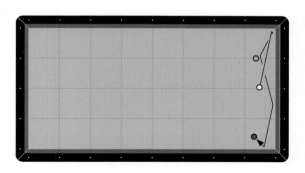

두께 :
당점 :
타법 :
속도 :
큐 기울기 :

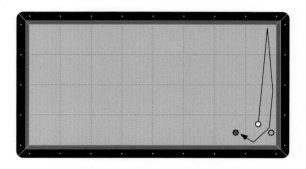

두께 :
당점 :
타법 :
속도 :
큐 기울기 :

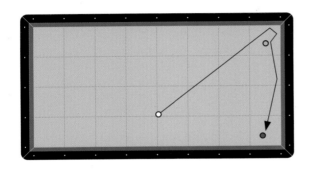

두께 :

당점 :

타법 :

속도 :

큐 기울기 :

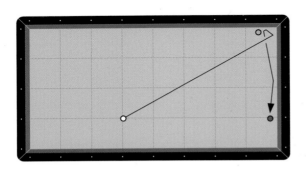

두께 :

당점 :

타법 :

속도 :

큐 기울기 :

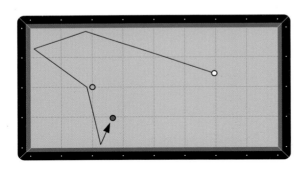

두께 :

당점 :

타법 :

속도 :

큐 기울기 :

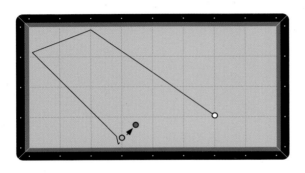

두께 :

당점 :

타법 :

속도 :

큐 기울기 :

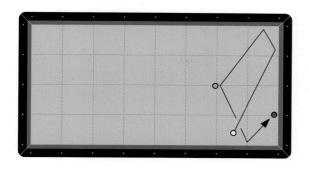

두께 :

당점 :

타법 :

속도 :

큐 기울기 :

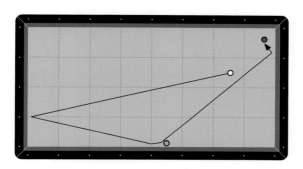

두께 :

당점 :

타법 :

속도 :

큐 기울기 :

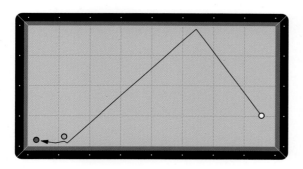

두께 :

당점 :

타법 :

속도 :

큐 기울기 :

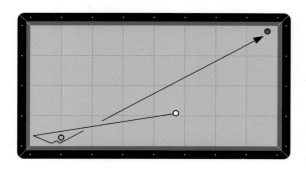

두께 :

당점 :

타법 :

속도 :

큐 기울기 :

1 and 2 뱅크샷

269

3 : 1 and 2 뱅크 샷의 다양한 포지션 플레이

뱅크 샷 이후에 포지션을 예상할 수 있는 배치는 극히 한정적이다. 때에 따라서는 과한 속도로 시도를 해야 하므로 제1목적구의 도착 위치를 가늠할 수 없고, 제2목적구가 어떻게 맞을지 모르기 때문에 뱅크 샷으로 포지션 플레이를 한다는 것은 무리일지 모르나, 많은 실습을 기반으로 정리한 해법과 제1목적구의 진행 경로를 도면으로 소개하겠다. 최대한 평균적으로 도착하는 제1목적구의 도착 지점을 표기하겠으나 당구대마다 조금씩 상태가 다르므로 독자들도 연습을 통하여 직접 찾아낸 해법과 비교하면서 공부하기를 바란다. 많은 사람이 연습을 하면서 두께와 당점만 표기한다. 속도와 타법에 따라서 엄청난 변화를 보이는 문제들도 많이 있기 때문에 반드시 속도와 타법을 기록하면서 연습을 해야 한다.

Case 1

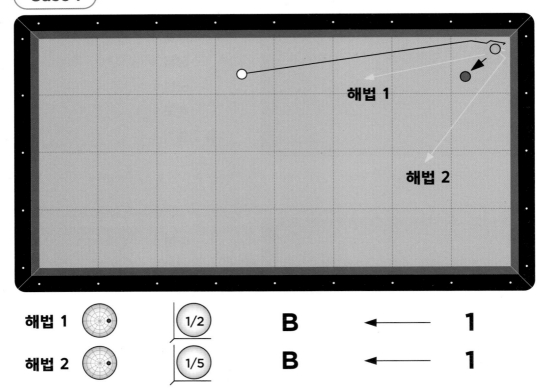

| 해법 1 | | 1/2 | B | ← | 1 |
| 해법 2 | | 1/5 | B | ← | 1 |

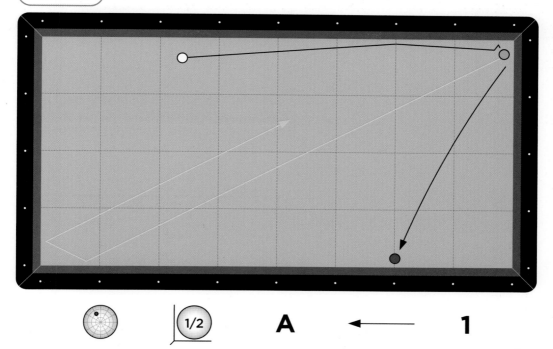

  A ⟵ **1**

Case 3

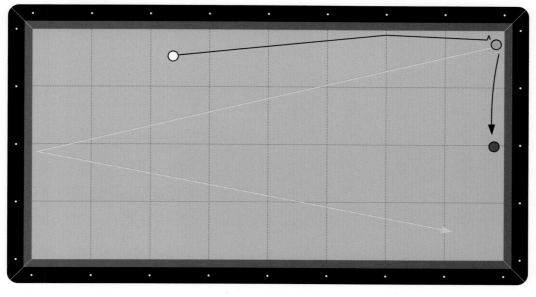

 A//AA **1**

1 and 2 뱅크샷

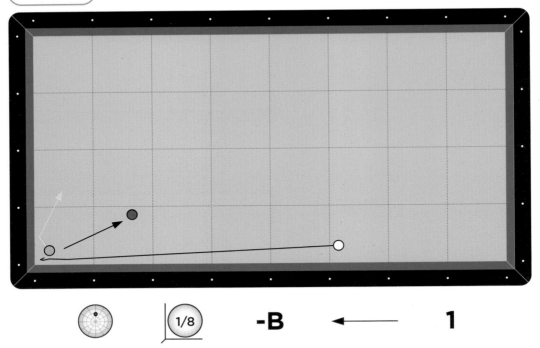

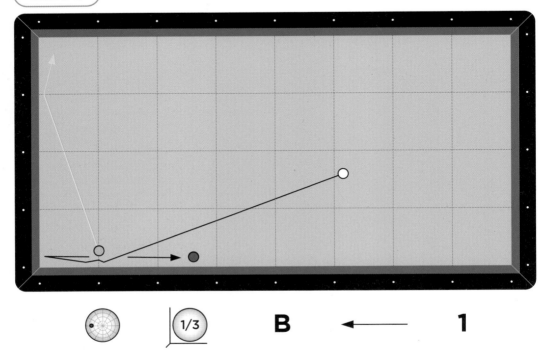

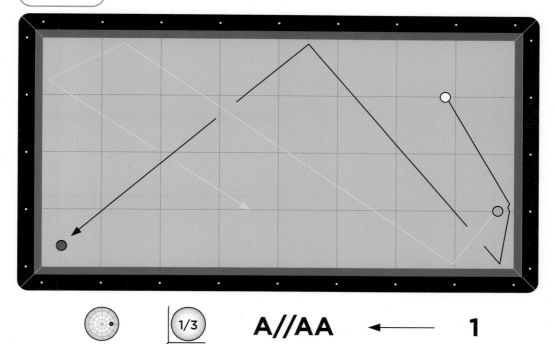

1/3   A//AA   ← 1

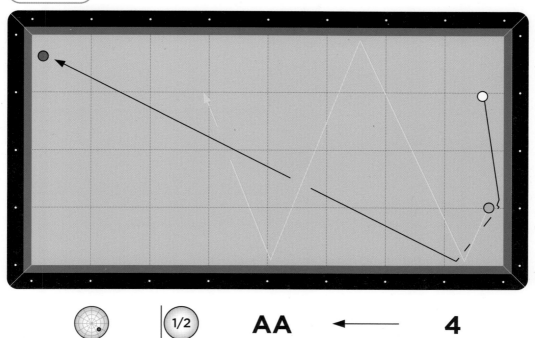

1/2   AA   ← 4

Case 8

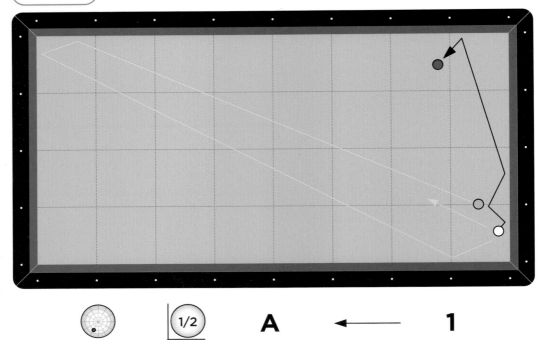

  A ← **1**

Case 9

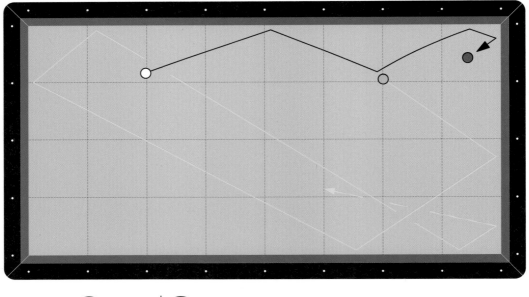

 ~ 2/3 **AA** ●←3— **1**

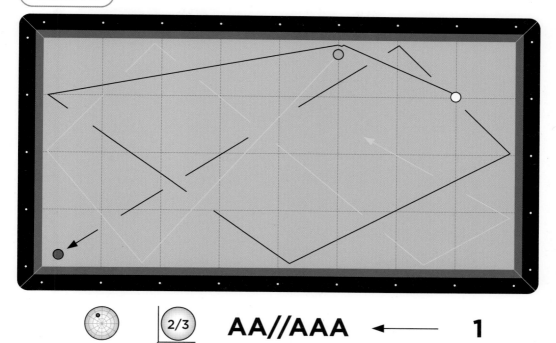

AA//AAA ← 1

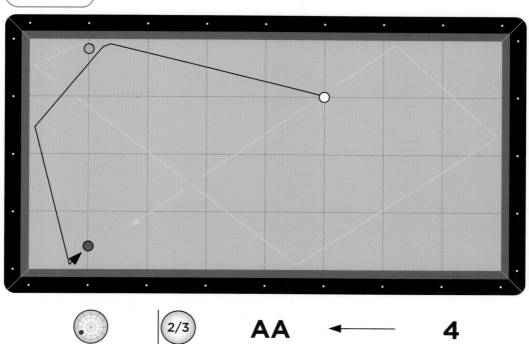

AA ← 4

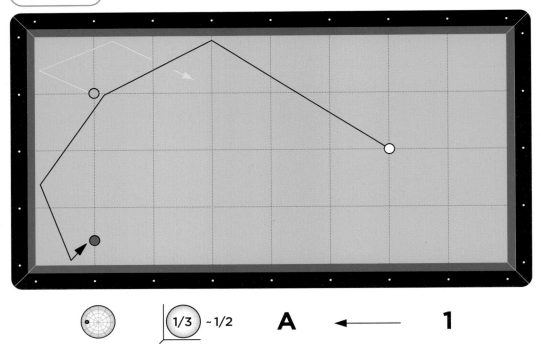

A ← 1

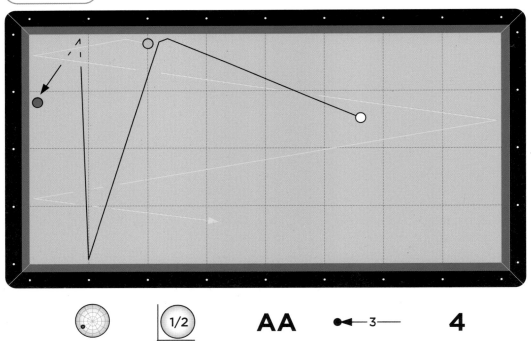

AA ●←3— 4

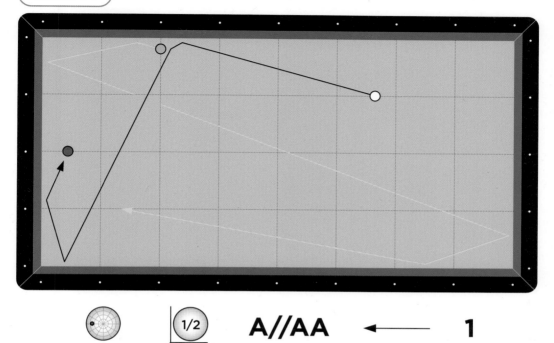

A//AA ← 1

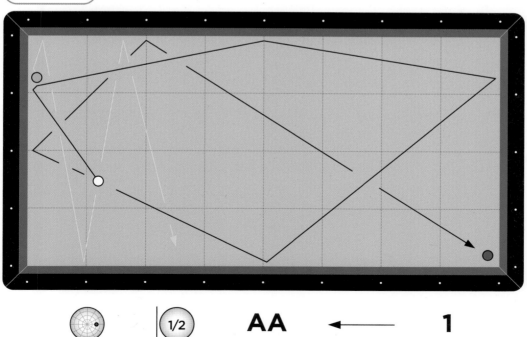

AA ← 1

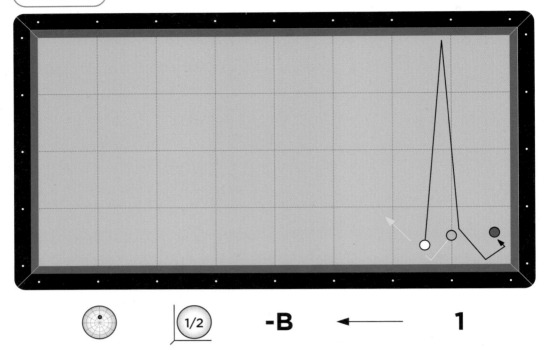

1/2   **-B**   ←   **1**

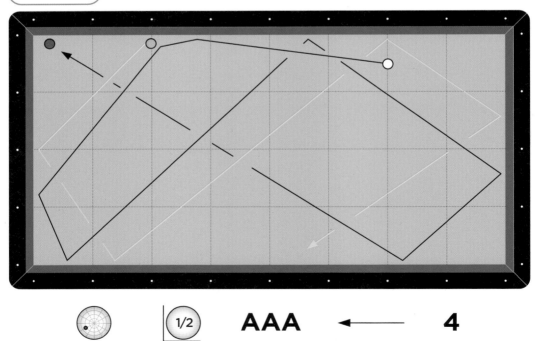

1/2   **AAA**   ←   **4**

Case 18

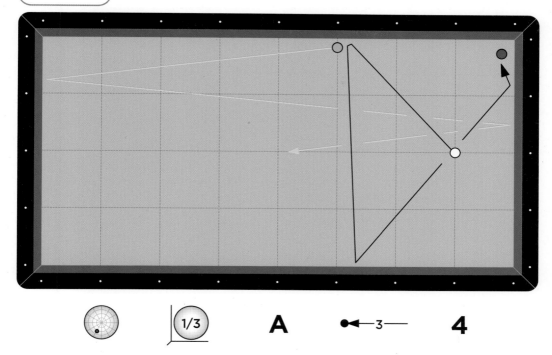

A   ●←—3—   **4**

Case 19

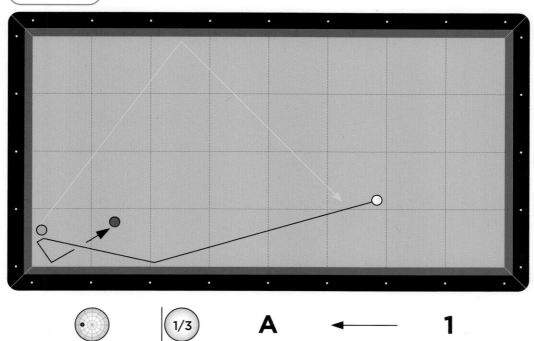

A   ←—   **1**

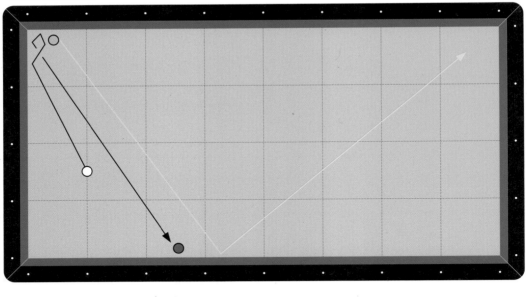

  A//AA **1**

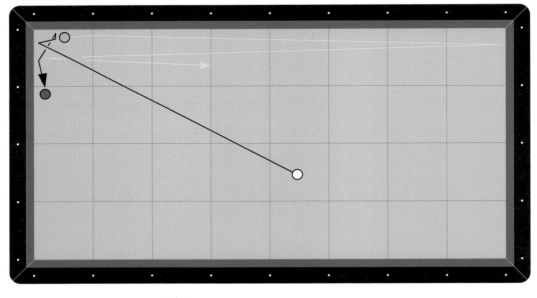

  A//AA **1**

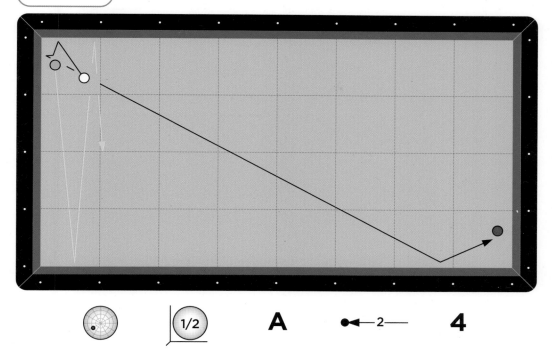

A   ●◀—2—   **4**

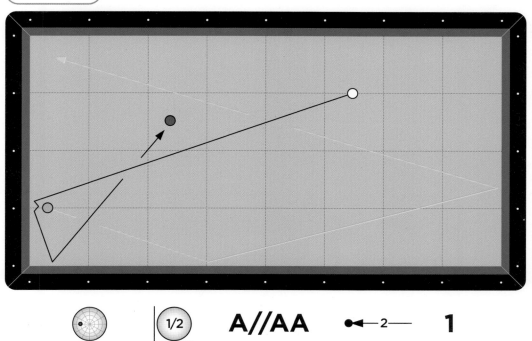

A//AA   ●◀—2—   **1**

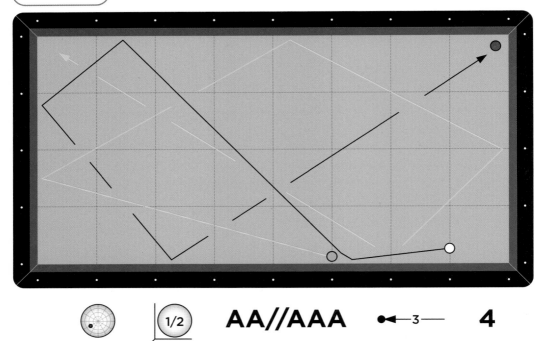

AA//AAA ●◄—3— 4

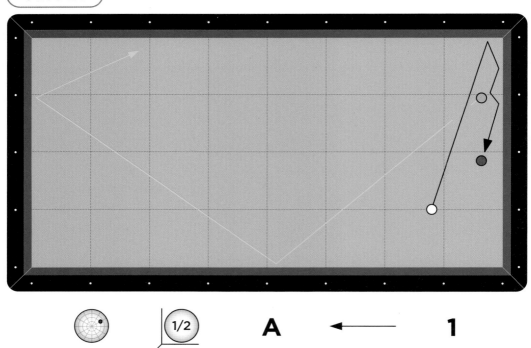

A ◄— 1

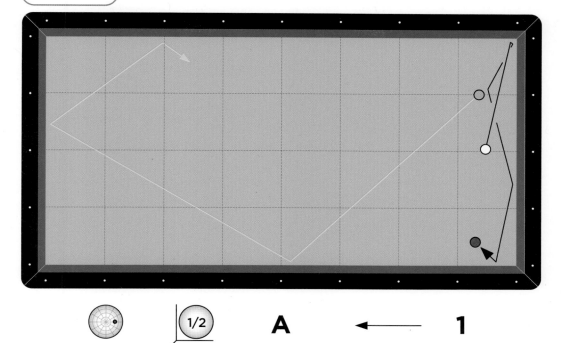

A ← 1

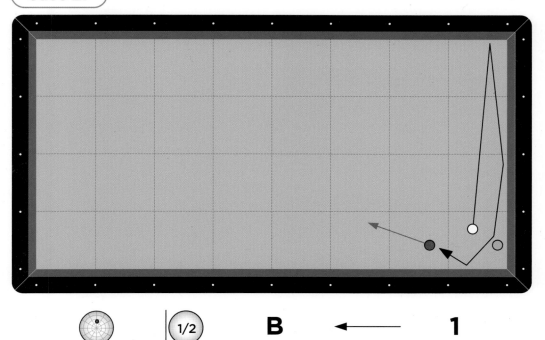

B ← 1

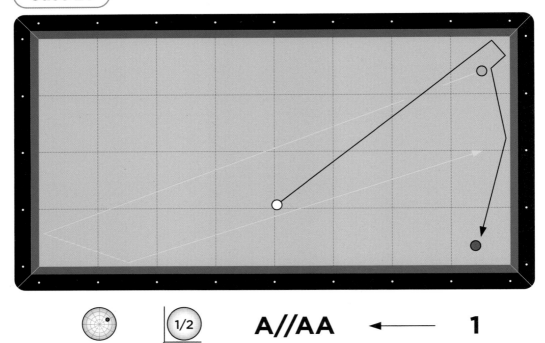

A//AA ← 1

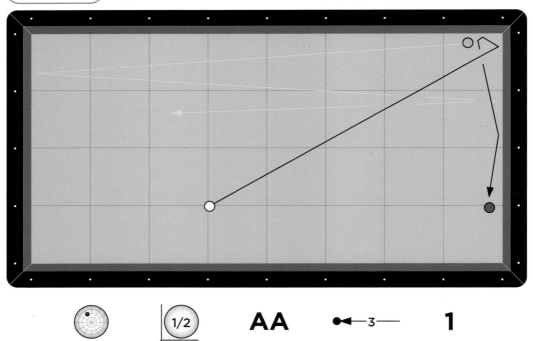

AA ●—3— 1

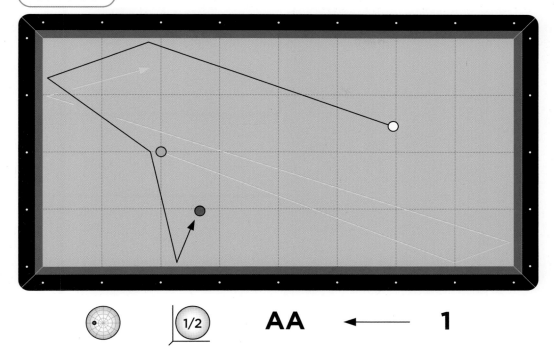

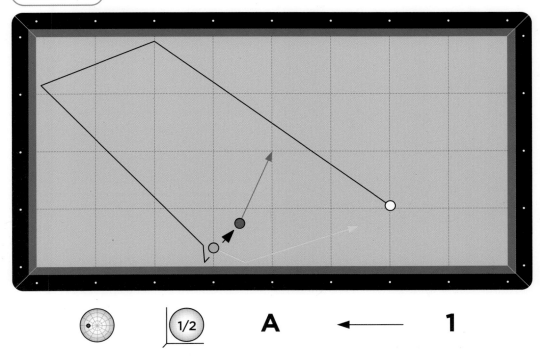

1 and 2 뱅크 샷

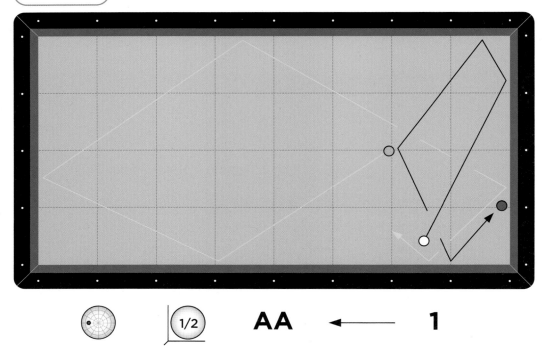

AA ← 1

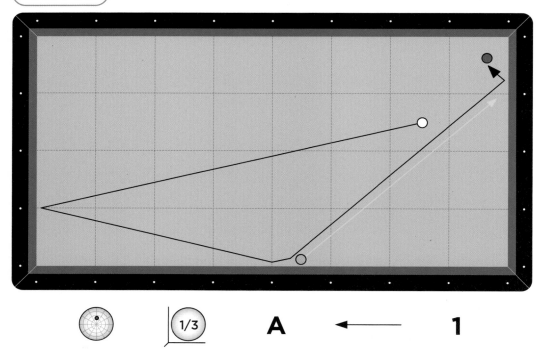

A ← 1

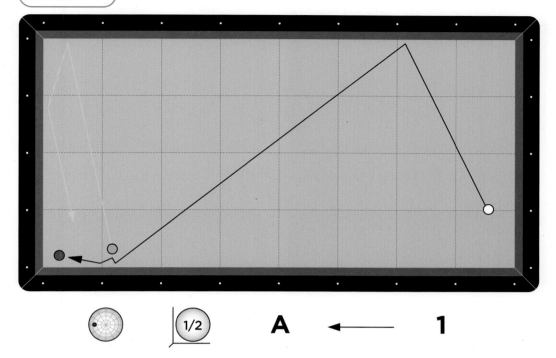

A ← 1

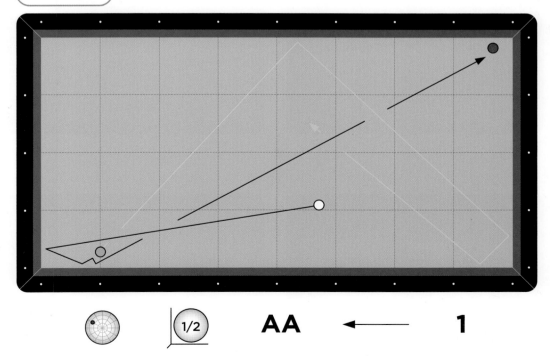

AA ← 1

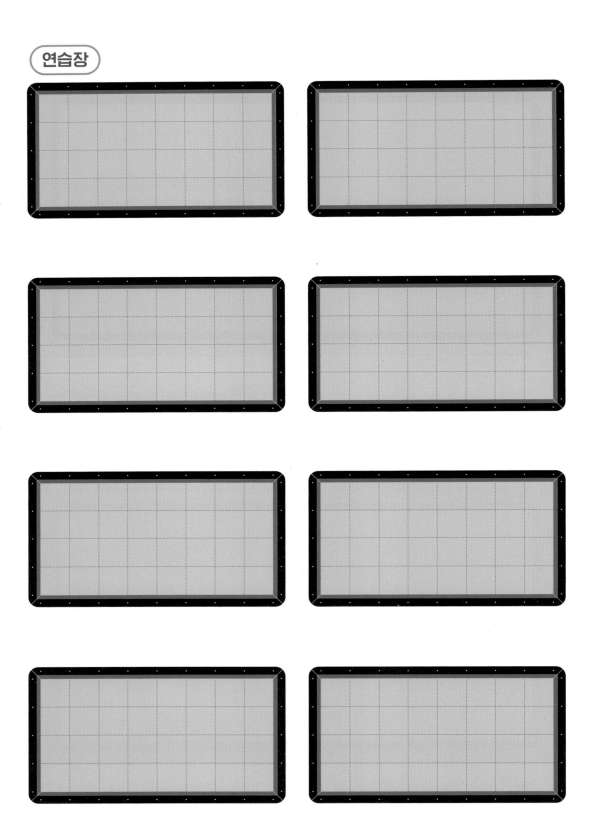

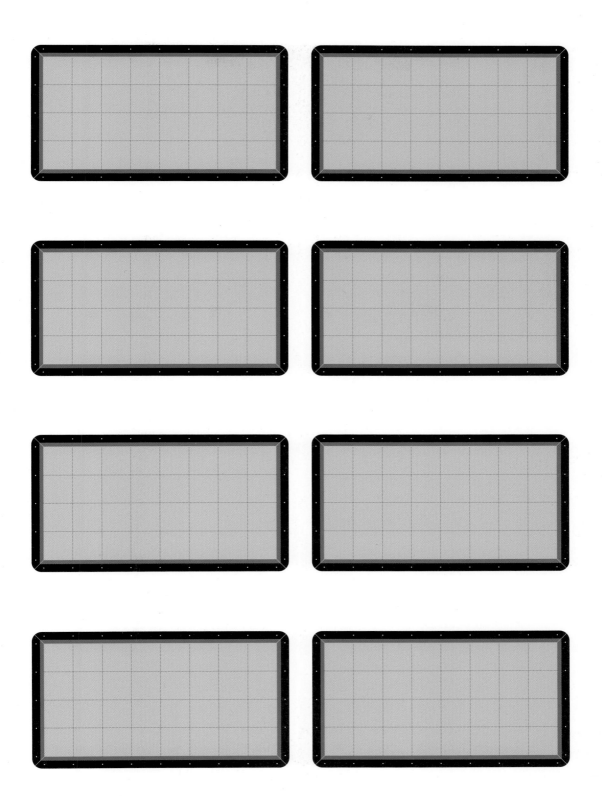

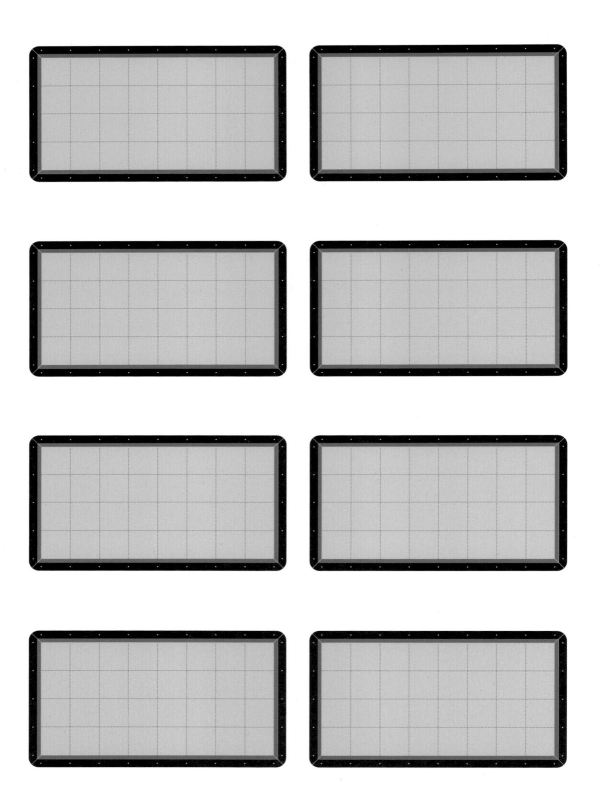

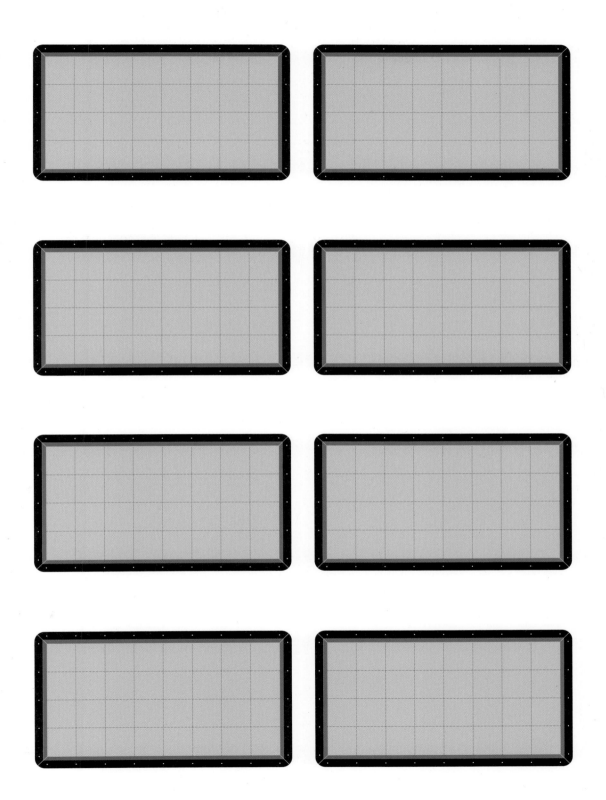

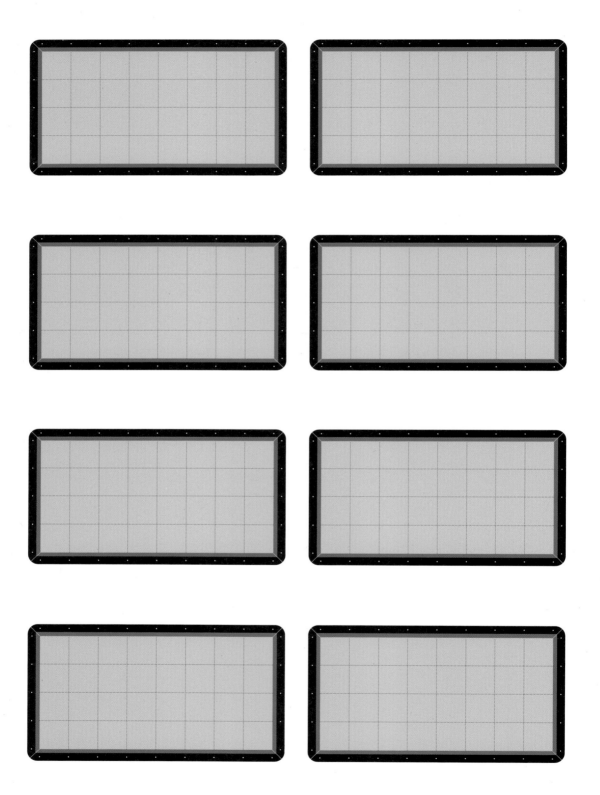

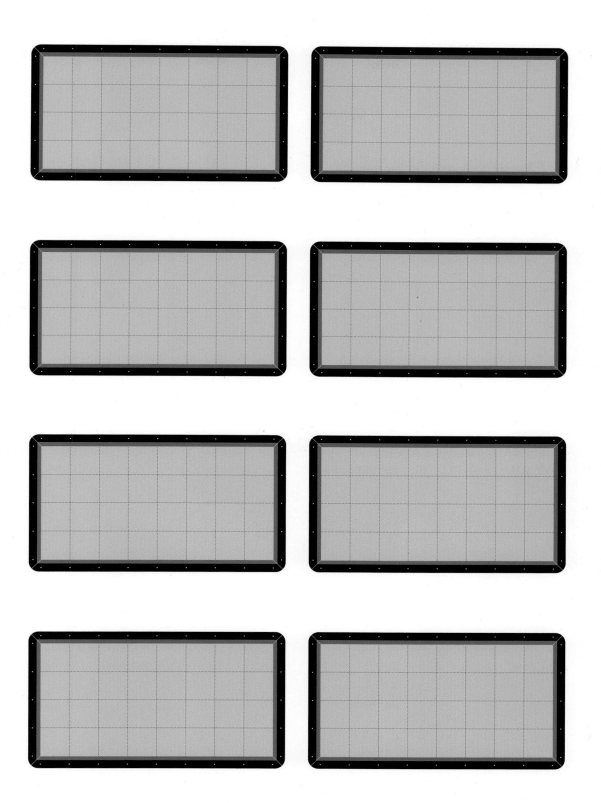

에필로그

이 책을 읽는 독자들은 반드시 실력이 향상
되어야 한다. 왜냐하면 어떤 책에서도
누구에게서도 듣지 못한 아니, 보고 들었
어도 망각하고 있던 비기(秘記)들이 곳
곳에 숨어 있기 때문이다. 또한 현역 선
수들이 실전에서 구사하고 있는 실전용
을 바탕으로 저술한 내용이므로 독자들에
게는 더할 수 없이 엄청난 자료가 될 것이다.

한번 보는 것으로 끝내서는 안 된다. 보는 것만으로는 절대로
내 것이 되지 않는다는 것을 독자들이 더 잘 알 것이다. 당구대 옆에 책을 펴 놓고 될
때까지, 실전에서 적용시킬 수 있을 때까지 연습에 연습을 거듭하여야 한다.

누구나 선수가 될 수 있다. 하지만, 연습하지 않는 사람은 절대로 발전할 수 없다. 이
것은 당구뿐만 아니라 모든 분야에서 불변의 진리이다.